APRENDA A VIVER O AGORA

MONJA COEN

APRENDA A VIVER O AGORA

Conceitos de zen-budismo e atenção plena
para praticar em até 10 minutos

Copyright © Monja Coen, 2019
Copyright © Editora Planeta do Brasil, 2019
Todos os direitos reservados.

Preparação: Fernanda França
Revisão: Juliana A. Rodrigues e Project Nine Editorial
Projeto gráfico de miolo: Regina Cassimiro
Capa: Rafael Brum
Imagem de capa: HappyAprilBoy / Shutterstock
Imagens de miolo: Shutterstock / ©Kseniya Parkhimchyk; ©hidesy; ©Billion Photos; ©Sofiaworld; ©dam_poin; ©redstone; ©AuraArt

Dados Internacionais de Catalogação na Publicação (CIP)
Angélica Ilacqua CRB-8/7057

Coen, Monja
 Aprenda a viver o agora / Monja Coen. -- São Paulo : Planeta, 2019.
 192 p.

ISBN: 978-85-422-1596-0

1. Técnicas de autoajuda 2. Zen-budismo 3. Felicidade 4. Qualidade de vida 5. Bem-estar I. Título

19-0590   CDD: 158.1

2023
Todos os direitos desta edição reservados à
EDITORA PLANETA DO BRASIL LTDA.
Rua Bela Cintra, 986 – 4º andar – Consolação
01415-002 – São Paulo-SP
www.planetadelivros.com.br
faleconosco@editoraplaneta.com.br

Sumário

Parte I – Palavras iniciais

O que é um instante zen? 11
Darana, dhyana e samadhi 15
Limpar a mente ou não há nada a limpar 21
Guia prático de meditação zen 25
Compromisso 33
Invocações 37

Parte II – Instante zen

Dormir e acordar 47
Sonhos 49
Insônia 51
Banheiro 55
Escovar os dentes 57
Trocar roupas 59
Banho 61
Refeição matinal 63
Trânsito 69
Atividade física 73
Saúde 81
Doença 87
Espiritualidade 91
Família 95
Intimidade e sexualidade 101
Refeições 105
Lixo 109
Manifestações 111
Relaxar e restaurar energia 115
Meditar 117
Reuniões de trabalho 119

Aprenda a ler as outras pessoas na sala 121
Reuniões sociais 123
Casamentos 125
Divórcio 129
Velórios e enterros... 133
Sofrimento... 137
Dietas... 139
Brigas, lutas, indignações 143
Controle 145
Vitimizar 147
A grande mente 149
Calma e carma 151
Nascimentos 153
Negócios 157
Dar limites 159
Respiração consciente 161
Consumo 165
No trânsito 169
A pé 171
Na bike 173
No carro 175
Na moto 177
No ônibus 179
No caminhão 181
No metrô 183
No avião 185
Urgências e prioridades 187
Viver a vida 189
Invocação final 191

Que os méritos de nossa prática
se estendam a todos os seres, e
que possamos nos tornar
o caminho iluminado.

Parte I – Palavras iniciais

O que é um instante zen?

É aquele instante em que tudo é como é, em que a perfeição se manifesta em sua plenitude.
Aquele momento em que nada falta e nada excede.
Instante em que seu coração está presente, alerta, pleno de sabedoria e compaixão.
A visão é clara.
A resposta é correta.
O sentimento de estar no lugar certo, na hora certa e fazendo o que é correto se revela.

Um instante zen é um instante de paz e de compreensão.
É um instante de voto.
É o compromisso de fazer o bem a todos os seres.

Pode acontecer a qualquer momento e em qualquer lugar.
Você pode estar alerta e o perceber.
Você pode criar causas e condições para que sua atenção o perceba.
Você não pode criar um instante zen.
Você pode ser esse instante.
Nunca é forçado ou forjado.

Pode acontecer na maca de hospital e na queda livre de paraquedas.
Pode acontecer no banho ou no trabalho.
Pode ser na relação íntima, pode ser durante um voo entre as nuvens brancas como carneirinhos.
Um raio de sol, uma flor desabrochando, uma criança sorrindo, uma nota musical, um silêncio.
Instantes zen, instantes de um estado profundo de meditação, de integração com o todo.
Um instante de pertencimento e acolhida.
Instantes de clareza e decisões rápidas, mas que foram processadas lentamente.

Assim, convido você a reconhecer alguns dos instantes que modificaram minha maneira de ser e de viver.
Instantes que continuam ocorrendo e me alertam para o maravilhamento com a existência e a necessidade de despertar todos os seres para o cuidado e o amor incondicional.

Você pode criar causas e condições para fazer de toda a sua vida um instante zen.

Deixei aqui algumas sugestões e inspirações.
Se achar adequado, use.
Se não, jogue fora.

Agora vamos imaginar um mundo onde em vez de reagir, agimos.
Manter a atenção correta (*mindfulness*), o voto da vida ética e a presença absoluta manifestando sabedoria perfeita.
Você se interessa pelo zen neste instante?

Mãos em prece
Monja Coen

Darana, dhyana e samadhi

Na Índia antiga, houve um professor chamado Patañjali, considerado o sistematizador da ioga.

Segundo Patañjali, há oito práticas importantes:

1. Yamas
2. Niyamas
3. Asanas
4. Pranayama
5. Pratyahara

6. Darana
7. Dhyana
8. Samadhi

As duas primeiras se referem ao que devemos estimular em nós e o que não devemos estimular. Por exemplo, devemos estimular o contentamento com a existência e não devemos estimular a violência. Seria para o zen-budismo o que chamamos de Preceitos ou Vida Ética.

Yamas são um grande voto: não violência (*ahimsa*); verdade e autenticidade (*satya*); não roubar (*asteya*); vida sagrada (*brahmacarya*) e não cobiça (*apanigraha*).

Nyamas são limpeza e pureza (*shauca*); contentamento (*santosha*); sacrifícios ou abstenções (*tapas*); busca do saber interior (*svadhyaya*) e entrega ao supremo (*pranidhana*).

A terceira, Asanas, refere-se a posturas tanto físicas como mentais.

A quarta, Pranayama, refere-se a práticas respiratórias que movimentam a energia vital (*Prana*).

A quinta, Pratyahara, significa abstenção dos sentidos, recolhimento.

A sexta, Darana, é plena atenção, concentração em um objeto.

A sétima, Dhyana, é a meditação ou zen.

A oitava é Samadhi ou ingresso nos níveis superiores de consciência onde se penetra na grande intimidade da não dualidade.

Vou me ater aos três últimos aspectos.

Atualmente, há uma grande difusão de práticas chamadas de *mindfulness* – atenção plena. Há uma variedade de cursos, pesquisas e programas para que as pessoas desenvolvam a qualidade mental de plena atenção. *Mindfulness* ou atenção plena é o que Patañjali chamou de Darana – capacidade de concentração. Quando nos concentramos no que estamos fazendo, podemos fazê-lo de forma mais efetiva e em menos tempo. Não é se bitolar, mas ter a capacidade de estar absolutamente presente onde se está. Isso pode ser usado para qualquer atividade – esportiva, de estudo, trabalho, meditação, cuidado amoroso, entre outras atividades, assim como também pode ser usado para atirar com armas de fogo, guerrear, lutar, assaltar, violentar.

A plena atenção é neutra.

Entretanto, Patañjali a colocou em sexto lugar, pois nos dois primeiros estão a vida ética, os valores a serem cultivados e o que deve ser evitado.

Quanto retiramos *mindfulness* do contexto da ioga de Patañjali, pode perder o significado de prática espiritual. A partir de Darana, o treino da concentração, é possível penetrar Dhyana, ou seja, um estado meditativo.

A meditação, chamada Dhyana na ioga, foi por onomatopeia chamada *jana* ou *ch'an* pelos chineses, que criaram um ideograma para representar esse som. O ideograma chinês é lido pelos japoneses zen.

O zen é uma forma de meditação?
Sim e não.
O verbo meditar, em português, é um verbo transitivo direto, logo exige um objeto.
O zen não necessita de um objeto de meditação.
Praticar o zazen (sentar-se em zen) é apenas sentar (*shikantaza*), sem objetivo e sem objetos específicos de meditação. Há casos em que se coloca uma questão não lógica (*koan*) a uma pessoa que pratica o zen a fim de facilitar sua penetração na essência do ser, transcendendo a mente lógica, indo além do pensar e do não pensar.
No zen, o objeto de meditação é o sujeito que medita.
O eu observa o eu. A mente observa a mente. Até que observadora e observado deixem o plano da dualidade.
Nesse momento, há a entrada em Samadhi.
Samadhi dos samadhis é a placa colocada na entrada das salas de zazen dos mosteiros japoneses. Acessar o Samadhi líder de todos os samadhis é a proposta do zen.
Penetrar além do eu individual e estar absolutamente presente, concentrado e leve, com a mente desperta e o coração pleno de bondade e ternura por todos os seres.
Assim, o estado de Samadhi, sem dentro nem fora, é resultado da prática de zazen, que depende da concentração (Darana ou plena atenção), que ocorre quando abandonamos as sensações, fazemos

circular de forma ativa nossa energia vital (Pranayama) por meio de uma postura correta (Asana) e mantendo uma vida ética e coerente (Yamas e Niyamas). O círculo se completa.

Kai Jo E em japonês significa: preceitos, meditação e sabedoria – três pilares do zen. Viver de forma ética, praticar zazen e desenvolver a Sabedoria e o discernimento correto são o caminho da libertação. Cada um interdepende do outro. São inseparáveis.

A plena atenção é um dos componentes. Assim, não faça da *mindfulness* seu propósito principal, não a separe de seu contexto, mas desenvolva a mente plena para praticar a meditação correta e acessar o Samadhi dos samadhis.

Uma conhecida escreveu sobre *mindfulness*: "Prefiro *mind emptiness*". Refleti sobre o que ela escrevera no WhatsApp num momento em que todos estavam muito empolgados por *mindfulness*.
Havia coerência com os princípios do zen, que descreve o grande vazio como o encontro com a Sabedoria Perfeita. *Mind emptiness* – mente vazia, mente sem intenção. Sem ter nada a ganhar e sem ter nada a perder é viver em pura e perfeita Sabedoria.
O sutra da Sabedoria Perfeita é o sutra da não sabedoria, pois insiste que nada pode ser obtido, nada pode ser ensinado, visto que a Sabedoria Perfeita é, está sempre presente, basta que despertemos. Para

despertar é preciso abandonar os desejos de ganhos individuais, a ideia falsa de um eu separado, a falsa crença na dualidade.

Evitar as aversões é penetrar o Samadhi da não diferenciação, onde reconhecemos a vida da Terra.

Zazen é o portal principal.

Concentração e Sabedoria se entrelaçam no Samadhi de quem vive de forma ética, transcendendo a si mesmo, mantendo a postura correta e a respiração consciente.

Que todos os seres se beneficiem.

Que todos despertem para a consciência iluminada universal.

Limpar a mente ou não há nada a limpar

"Zazen, meditação sentada zen-budista, não serve para nada."

Essa frase tem sido repetida por inumeráveis mestras e mestres zen, desde o passado mais longínquo.
Por quê?
Porque quando queremos alcançar algo, uma ideia intelectual, um conceito, deixamos de estar presentes e de apreciar o que está se passando conosco.
Queremos alcançar algo.
Queremos apagar algo.
Queremos limpar a mente, controlar os pensamentos.
Nada disso é possível. Sem nenhum objetivo prévio, apenas nos sentamos.

Observamos o processo mental – pensamentos e não pensamentos. Não escolhemos entre um e outro. Percebemos que nada é fixo ou permanente.

A impressão, algumas vezes, é de que os pensamentos são repetitivos. Mas, se você prestar atenção, verificará que nada jamais se repete.

Vida é movimento e transformação.

Se você não pensar o pensamento que surge, ele passará.

Apenas identifique: pensamento.

Retorne sua atenção à respiração consciente e à sua postura, com musculatura alongada e respiração tranquila.

E surge outro pensamento – talvez por um ruído na rua.

Teria sido um carro grande ou pequeno?

O som se foi, o carro passou. Você continua ouvindo o som do carro que passou? Claro que não.

Da mesma forma com os pensamentos.

Apenas deixe ir e vir, sem dar atenção.

Observe as pausas, sim, os intervalos entre um e outro pensamento.

Da mesma maneira que você pode observar o intervalo, a pausa entre o inspirar e expirar. Entre expirar e inspirar.

Há pausas.

No primeiro instante parecem pequenas.

Depois você verá que podem ser longas e profundas.

Sem se importar com o controle dos pensamentos, deixe que fluam.

Coloque sua atenção em suas mãos – como está o mudra (posição das mãos) cósmico?

Alinhe seu corpo, dê atenção ao processo respiratório.

O que é mesmo em que estava pensando?

Foi-se. Por alguns instantes você pode apreciar ser.

Apenas uma pessoa sentada, respirando conscientemente.

Chamo a isso presença absoluta: estar absolutamente presente e apreciando o momento, assim como é.

Sem intenção de limpar ou controlar, o processo ocorre naturalmente. Por isso, no zen, exigimos a intenção sem intenção.

Prática é realização.

Não praticamos para nos tornarmos algo diferente do que somos.

Somos o que praticamos.

A procura já é o encontro. O encontro é a procura.

Assim, sem intenção de obter algum estado especial, sem intenção de controlar e limpar, apenas sente em zazen.

Deixe que o zazen faça de você uma pessoa livre e pura.

Guia prático de meditação zen

Procure um local nem muito claro nem muito escuro.

Que seja quieto, sem pessoas passando e conversando à sua volta.

Que não seja nem muito quente nem muito frio.

Se puder sentar no chão, com as pernas cruzadas, explicarei como fazer.

Se preferir sentar no chão, de joelhos e sobre os calcanhares, também explicarei.

Se sua opção é sentar em uma cadeira, escolha aquela na qual seus joelhos ficam na altura dos quadris, formando um angulo reto.

Seja qual for o assento que tenha escolhido, primeiro sinta o apoio e alinhamento dos ísquios (ossos debaixo da bacia). São esses ossos que manterão seu corpo sentado. Alongue a coluna vertebral, chamada de sede da vida.

Alongar não é tensionar.

Procure perceber as vértebras se alinhando, sem esforço.

Movimente o tronco da esquerda para a direita, algumas vezes, de movimentos maiores a movimentos menores, como um pêndulo, de forma que o corpo encontre seu centro de equilíbrio.

Então, levante os ombros até a proximidade das orelhas e solte, relaxando. Repita esse levantar de ombros e soltar umas três vezes. Verifique se os ombros estão para trás e para baixo, mantendo as costas retas.

Gire a cabeça, como se fosse olhar por cima do ombro esquerdo, inspirando. A cabeça volta ao centro expirando.

Repita o movimento para o lado direito e retorne ao centro.

Levante um pouco o queixo para cima inspirando e para baixo expirando.

Faça um círculo com a cabeça da direita para a esquerda e outro da esquerda para a direita.

Cuidado com a cervical.

Não force a cabeça para trás, tenha cuidado.

Pode girar bastante para a frente de forma que o queixo encoste no peito. Mas para trás só um pouco.

Coloque as mãos em seu colo, no mudra cósmico. Ou seja, a mão direita embaixo, com a palma virada para cima e a esquerda se sobrepõe à direita, articulação sobre articulação, também com a palma para cima. Os dedos mínimos estão na direção do seu corpo. Os polegares se unem levemente, como se houvesse uma finíssima folha de seda que não pode cair nem amassar. Perceba que a linha entre os indicadores e os polegares forma uma elipse, a mesma forma dos planetas em torno ao Sol. Por isso é chamado de mudra cósmico.

Há dois significados para essa posição das mãos.
Primeiro, estamos no cosmos e o cosmos está em nossas mãos. Como cuidamos da vida do universo, que é a nossa vida? Preciso de cuidado e atenção, reflexão de que somos a manifestação do todo.
Segundo, esse mudra serve como um termômetro para você perceber como está nesse momento exato. Se a pessoa estiver muito relaxada, os polegares tombarão e o mudra se desmanchará. Se estiver tensa, os dedos ficarão rígidos.
Assim, como um instrumento musical precisa ser afinado antes de tocar, nós devemos nos afinar à grande sinfonia da vida, por meio do equilíbrio suave de nossas mãos.
Verifique se você está no ponto de equilíbrio.
Um instrumento musical, por exemplo: se a corda estiver muito apertada poderá se romper, se estiver muito frouxa não dará um bom som.
Assim, tendo ajustado o corpo, faça três respirações profundas.

A inspiração é passiva – o ar entra naturalmente pelas narinas.

Há uma pequena pausa.

A expiração é ativa. Vamos fazê-la, apenas nesses momentos iniciais, pela boca, abrindo a glote e permitindo que o som seja audível, o som do ar saindo. Perceba que ao final da exalação pode ocorrer uma pequena contração no baixo abdômen. Não force.

Após a terceira vez, feche os lábios. Coloque a ponta na língua no céu da boca, atrás dos dentes frontais superiores. Sem fazer nenhuma pressão, a língua apenas toca com suavidade. Os olhos devem ficar entreabertos (ou entrefechados) mantendo o olhar a 45 graus, cerca de um metro de distância.

Procure se sentar a um metro da parede.

Sentamo-nos de face para uma parede branca, lisa, sem desenhos, sem estímulos visuais.

Deixe que a respiração seja nasal, profunda e suave.

Na verdade, não controle sua respiração. Apenas a siga.

Pense o não pensar. Como? Não pensando.

Observe a diferença de temperatura entre o ar que entra e o ar que sai das narinas.

Esteja presente aos cinco sentidos.

Há odores, fragrâncias?

Sinta a temperatura da sala.

Ouça todos os sons, próximos e distantes.

Perceba luz e sombra.

Note a textura das roupas que cobrem seu corpo e a diferença na pele das partes descobertas.

Ao inspirar, perceba toda a caixa torácica se expandindo e ao expirar se contraindo. A expansão ocorre em todas as direções: para a frente, para os lados e para trás. A contração da expiração também se faz em todos os lados do seu tronco.

Agora observe sua mente.

Há pensamentos ou não pensamentos?

Você pensa palavras ou imagens. Ou ambos, palavras e imagens? Há cores ou é cinza, branco e preto?

Há sons internos? Vozes familiares? Você conversa com você internamente? Músicas? Filmes? Trechos de sua vida?

Há memórias? Sentimentos? Emoções?

Apenas observe.

Não se apresse.

A mente é incessante e luminosa (frase de Sua Santidade o XVI Dalai Lama).

Não diga que não pode meditar porque pensa muito.

É função da mente pensar.

Mas também é o não pensar.

Meditar pode ser comparado com entrar no mar, por exemplo. Na beira da praia há marolas. Mas o mar não são apenas as marolas.

É preciso atravessar a área de agitação da mente, dos inúmeros estímulos recebidos, da mesma maneira como fazemos ao entrar no mar. Ondas pequenas, ondas grandes. Mergulhos rasos e profundos. Atravessamos, furamos as ondas, boiamos, pulamos por cima, nadamos, mergulhamos.

Na escuridão abissal não há cores nem sons. O absoluto.

Podemos chegar até lá.

No pensar, no não pensar e no além de pensar e não pensar. Mas não permanecemos no grande silêncio abissal. Apreciamos, mas cuidado com o encantamento. Quem mergulha sabe disso. Quando se torna extremamente agradável, um êxtase singular, a pessoa que mergulhou pode se esquecer do oxigênio e se afogar, na alegria de penetrar o mais profundo da intimidade com o mar.

É hora de voltar. Não queira ficar, permanecer nesse estado.

Nada fixo, nada permanente. Vamos retornar, passando pelas ondas e pelas marolas. Chegamos à praia.

Ruídos, pensamentos, projetos, relacionamentos, amores e desafetos, pressões sociais, trânsito, contas – tudo de que é feita nossa vida.

Só que, agora, nossa percepção do mar (da realidade) é outra.

Conhecemos com profundidade e intimidade – o mar e a nós mesmos. Respeitamos a mente consciente e inconsciente. O ir e vir incessante, o nascer e morrer a cada instante.

Meditar é um processo de autoconhecimento íntimo, que, se bem orientado e devidamente estimulado, nos leva a avivar e criar conexões neurais para a manifestação da Sabedoria Perfeita e da Compaixão Ilimitada.

Tente. Procure um local de prática verdadeiramente transmitida por alguém que tenha sido verdadeiramente capaz de acessar a essência do *Interser*.

Compromisso

Como acontece com qualquer atividade ou prática, sem compromisso nada se realiza.
Se você quer ser musicista, terá de estudar música e tocar algum instrumento. Quanto mais adequadamente ensaiar, melhor será a música. Dependerá também de ter uma orientação adequada.
Quando iniciei minhas práticas de zazen, em Los Angeles, a esposa de um de nossos professores era violinista e ele nos deu a seguinte analogia:

Se uma violinista deixar de praticar um dia que seja, sua família notará a diferença quando ela for tocar.
Se ela deixar de praticar dois dias seguidos, seus vizinhos notarão a diferença quando ela tocar.

Se deixar de praticar três dias seguidos, o mundo saberá.

Compromisso não é doloroso nem obrigatório. É a alegria de praticar o que você se comprometeu a praticar, fazer o que quer fazer – não porque alguém exige, ou porque quer provar ao mundo alguma coisa, mas porque escolhe desenvolver uma arte, um aspecto de si mesmo.

Assim, comprometa-se a despertar.
Comprometa-se a conhecer a si e fazer escolhas adequadas para o benefício de todos os seres.
Todos os seres inclui você, seus familiares, seus conhecidos e desconhecidos. Inclui toda a vida do Céu e da Terra.
Se quer conhecer a si mesmo e escolher suas respostas ao mundo – diferente de apenas reagir –, precisará praticar de forma adequada e contínua, com alguém que tenha tido a experiência e a prática corretas.

O fundador da ordem Soto Zen, no Japão, mestre Eihei Dogen, comparava a prática de zazen com uma pessoa que quisesse acender o fogo esfregando duas pedras. Se esfregar um pouco e se cansar antes de a faísca surgir, nunca conseguirá o fogo. É preciso continuar incessantemente esfregando até a faísca surgir.

Compromisso é assim.

Eu me comprometo a praticar até atingir meu objetivo, encontrar o que procuro.

E, maravilha, quando encontramos, quando atingimos o que era nosso objetivo, percebemos que a prática é incessante, sem começo e sem fim e que outro objetivo se apresenta. E isso nos alegra e estimula. Sempre é possível desenvolvimento e crescimento.

Entretanto, se não praticarmos nunca o saberemos.

Somos o que praticamos.

Conhecer a si mesmo, conhecer as manobras da mente humana – de sua própria mente – e escolher as respostas que você dá às provocações da vida, é a arte do zen.

Assim sendo, em vez de reclamar, resmungar, endividar-se e aborrecer-se, aprenda a apreciar sua vida e viver com plenitude.

Se você seguir algumas das instruções e sugestões deste livro, poderá viver com mais leveza e alegria, apreciando as múltiplas experiências que a vida possa trazer.

Acessar Nirvana – paz e tranquilidade – não é sair da vida diária. É penetrar em profundidade na essência de si para reconhecer a transitoriedade, a interdependência entre tudo que existe e as possibilidades de suas respostas ao mundo sendo as transformações que você quer neste mundo.

A próxima vida também depende desta vida de agora.

Invocações

Quando tudo se torna difícil e não sabemos a quem recorrer, quando nossas tentativas de acerto se frustram e passamos a desacreditar em nós e nas nossas decisões, é tempo de recorrer a invocações de seres iluminados que nos inspirem e nos auxiliem a fazer a travessia.

Quando tudo se realiza, quando estamos felizes, quando sabemos a quem agradecer, é tempo de

invocar os seres iluminados e os ensinamentos que nos auxiliaram, auxiliam e auxiliarão a atravessar o oceano de nascimento, velhice e morte.

INVOCAÇÃO DA GRANDE ASSEMBLEIA

(1 vez)
Ilimitado Darmacaia Vairochana Buda
Completo Sambogacaia Lochana Buda
Manifesto Nirmanacaia Shakyamuni Buda
Todos os Budas e as Budas através do espaço e do tempo
Sutra Mahaiana da Flor de Lótus
Bodisatva da Grande Sabedoria Manjusri
Bodisatva da Grande Prática Fugen
Bodisatva da Grande Compaixão Kanzeon
Todos os Bodisatvas Mahasatvas
Maha Prajna Paramita

NAMU SHAKYAMUNI BUDA
(repetir 3 ou 7 vezes)
Homenagem ao Buda Shakyamuni (Buda histórico)

NAMU YAKUSHI NYORAI
(repetir 3 ou 7 vezes)
Homenagem ao Tathagata (Buda) Mestre da Cura

NAMU AMIDA BUTSU
(repetir 1 ou 1.000 vezes, em fé)

Homenagem ao Buda Amitaba (Buda da Luz Infinita)
NAMU KANZEON BOSATSU
(repetir 3 ou 7 vezes)
Homenagem ao Bodisatva (ser iluminado) da Compaixão

NAMU FUGEN BOSATSU
(repetir 3 ou 7 vezes)
Homenagem ao Bodisatva da prática incessante

NAMU MANJUSRI BODISATVA
(repetir 3 ou 7 vezes)
Homenagem ao Bodisatva da Sabedoria

SHO SAI MYO KITCHIJO DARANI
(Palavras sagradas de Grandes Auspícios e Boa Fortuna):

NŌ MŌ SAN MAN DA MOTO NAN
ORA RA TCHI KOTO SHA
SONO NAN TŌ JI TŌ
EN GYA GYA GYA KI GYA KI
UN NUN SHI FURA SHI FURA
HARA SHI FURA HARA SHI FURA
TCHI SHU SA TCHI SHU SA
TCHI SHU RI TCHI SHU RI
SOWA JA SOWA JA
SEN TCHI GYA SHI RI EI
SO MO KO

JIZO KONPON DARANI
(repetir 3 ou 7 vezes)
(Palavras sagradas em homenagem a Jizo Bosatsu, protetor da Terra, das pessoas fracas e das crianças, bem como dos vários reinos da morte)
ON KA KA
KA BI SAN MA E
SO WA KA

SUTRA DO CORAÇÃO DA GRANDE SABEDORIA COMPLETA
(Mais usada recitação na Soto Shu – zen-budismo japonês)

Quando Kanzeon Bodisatva praticava
Em profunda sabedoria completa
Claramente observou
O vazio dos cinco agregados
Assim se libertando
De todas as tristezas e sofrimentos.
Oh! Sharishi! Forma não é mais que vazio.
Vazio não é mais que forma.
Forma é exatamente vazio.
Vazio é exatamente forma.
Sensação, conceituação, diferenciação, conhecimento
 Assim também o são.
Oh! Sharishi! Todos os fenômenos são vazio-forma,
Não nascidos, não mortos,
Não puros, não impuros,

Não perdidos, não encontrados,
Assim é tudo dentro do vazio.
Sem forma, sem sensação,
Conceituação, diferenciação, conhecimento;
Sem olhos, ouvidos, nariz, língua, corpo, mente,
Sem cor, som, cheiro, sabor, tato, fenômeno.
Sem mundo de visão, sem mundo de consciência,
Sem ignorância e sem-fim à ignorância,
Sem velhice e morte e sem fim à velhice e morte,
Sem sofrimento, sem causa, sem extinção e sem caminho,
Sem sabedoria e sem ganho.
Sem nenhum ganho.
Bodisatva
Devido à sabedoria completa.
Coração-mente sem obstáculos.
Sem obstáculos, logo, sem medo
Distante de todas as delusões,
Isto é Nirvana.
Todos os Budas dos três mundos
Devido à Sabedoria Completa
Obtêm Anokutara San Myaku San Bodai.
Saiba que Sabedoria Completa
É expressão de grande divindade,
Expressão de grande claridade,
Expressão insuperável,
Expressão inigualável,
Com capacidade de remover
Todo sofrimento.
Isto é verdade, não é mentira!

Assim, invoque e expresse a Sabedoria Completa,
Invoque e repita:
Gya-te gya-te
Ha-ra gya-tei
Hara so gya-te
Bo-ji-sowa-ka
Sutra do Coração da Grande Sabedoria Completa

ENMEI JUKKU KANNON GYO
(repetir 1 ou 3 vezes)

KANZE ON NAMU BUTSU YO BUTSU U
IN YO BUTSU U EN BU PO SO
EN JO RAKU GA JO CHO
NEN KANZEON BO NEN KANZEON
NEN NEN JU SHIN KI NEN NEN FU RI SHIN

NAMU MYO HO RENGUE KYO
(repetir quantas vezes quiser)
Homenagem ao Sutra da Flor de Lótus da Lei Maravilhosa
Namu Myō Hō Rengue Kyō

Parte II – Instante zen

Dormir e acordar

Apague as luzes, cubra qualquer fresta de janela, de aparelhos eletrônicos. Escuro.
Feche os olhos suavemente.
Deite-se de costas, barriga para cima.
Alongue desde as pernas até a cabeça, removendo toda a tensão do corpo.
Respire profunda e silenciosamente.
Siga a respiração – o ar entrando, a caixa torácica se expandindo.
O ar saindo, a caixa torácica se contraindo.
Durma bem.

Ir ao banheiro durante a noite pode ser uma boa atitude, se necessário.

Seu sistema vai acordar você e, mesmo sem pensar, irá se levantar, colocar os chinelos (ou descalço mesmo), vai até o banheiro entre dormindo e acordado.

Sente-se de forma adequada, use o papel com respeito.

Retorne ao leito.

Durma bem.

Caso use despertador, assim que tocar, sorria.

Bom dia.

Espreguice, boceje, alongue braços e pernas.

Levante-se devagar, sinta o chão, o chinelo, as texturas.

Abra as janelas percebendo os trincos, seu formato, seu calor, seu frio, sua maciez, sua aspereza.

Inspire profundamente ao abrir a janela – quer faça sol, quer faça chuva. Agradeça por estar vivo.

Bom dia.

Caso você esteja impossibilitado de se levantar sozinho, peça e aguarde ajuda.

Que essa pessoa possa abrir as janelas suavemente e auxiliar você a se alongar e a sorrir.

Sonhos

"A vida é um sonho dentro de um sonho", dizia Mestre Eihei Dogen (1200-1253).

Quando iremos despertar?

Você se lembra de seus sonhos?
Você não se lembra de seus sonhos?

Tudo bem.
Alguma mensagem foi transmitida internamente, consciente ou inconscientemente.

Vamos tomar uma xícara de chá?

Há grupos tibetanos que insistem nos processos de despertar mesmo sonhando – desenvolver a capacidade da atenção durante o sono.

No zen dizemos que os sonhos existem.
Podemos entendê-los ou não. Podemos nos lembrar deles ou não.
Mas, agora que acordou, siga em frente.
Qual será a próxima ação?

Insônia

Está fritando na cama, girando para lá e para cá?
Pare.
Abra os olhos.
Não force.
Sua mente está superestimulada.
Teria sido o chá ou café no fim da tarde?
Seriam as luzes do computador ou do celular? Teria assistido à TV até tarde?
Dizem que a luminosidade desses aparelhos é a mesma do amanhecer. O cérebro recebe o impulso de acordar e dormir fica difícil.

Ou pode ser que você tenha acordado tarde ou dormido durante o dia?
Ou mantém um pensamento obsessivo?
Escreva o que preocupa você e o que pretende fazer no dia seguinte.
Está no papel.
Não irá se esquecer.
Agora descanse sua mente.

Há várias causas para a insônia.
Há remédios e conselhos, terapias.
Sugestão: aprecie esse momento.
Sente-se na cama, mantenha a coluna ereta e a cervical alinhada, queixo paralelo ao colchão.
Respire conscientemente, sorria para você mesmo.
Há pessoas acordando no Japão.
Não é preciso dormir todas as noites.
Não se preocupe sobre a reunião de amanhã, sobre a briga de ontem, sobre o futuro e sobre o passado.
Aprecie estar vivo neste instante.
Inspirando e expirando.
Abra a janela, olhe para o céu.
Lembre-se da imensidão.
Depois deite-se confortavelmente.
Imite a respiração de alguém dormindo, suave e profundamente.
Sonhe.
Sim, sonhe.
Imagine situações, locais, praias, montanhas.
A mente precisa descansar.

Sonhar descansa a mente.

Voe longe, mergulhe nas profundezas dos oceanos e nas alturas distantes dos berços de estrelas.

Ao amanhecer, que as cores da aurora ameiguem você.

Levante-se zerado; levante-se renovado.

Experimente.

Basta apenas não lutar.

Respirar e sonhar.

Banheiro

Não fique muito tempo sentado na privada.
 Pode até causar hemorroidas.
 Deixe que as necessidades fisiológicas se manifestem por si mesmas e na hora certa.
 Ouça o som da sua urina.
 Você pode controlar o sair da urina, sabia?
 Pode fazer menos ruído, se quiser.
 Pode perceber o calor da urina.
 Pode fazê-la parar um pouco e depois continuar.
 Experimente exercitar os esfíncteres.

Se for tomar banho de assento, perceba a água, sua temperatura. Lembre-se de como esta água chega até você. De onde veio? Por quais canos, torneiras?

Se for usar papel higiênico, pense nas árvores que foram necessárias para aquele pequeno rolo macio.

Corte apenas o necessário.

Dobre de forma que seus dedos não fiquem umedecidos pela urina ou fezes.

Limpe-se de frente para trás, com suavidade e firmeza.

Dobre o papel ao meio, antes de jogar no cesto.

Dobre de forma que o local da urina ou das fezes fique para o lado de dentro, invisível.

Estar presente nesses momentos é estar zen.

Lave as mãos cuidadosa e meticulosamente.

Abra a torneira de forma que não haja água em excesso nem falte. Use sabonetes, faça espuma, esfregue uma palma na outra, esfregue as pontas dos dedos na palma contrária, lave cada ponta de dedo, lave as costas das mãos.

Sempre presente e consciente do que está fazendo.

Se precisar que alguém o ajude nessa tarefa, sinta as outras mãos limpando as suas.

Use a toalha de forma adequada: pegue a toalha em suas mãos. Enxugue dedo por dedo, palmas e costas das mãos. Sacuda a toalha e a recoloque no porta toalhas, o mais aberta possível, para que seque.

Se usar papel toalha, procure usar apenas uma ou duas folhas. Use-as com atenção, enxugando cada dedo e, ao final, faça um rolinho com as folhas entre suas mãos e jogue esse papel toalha bem molhado e pequeno dentro do cesto. Veja como suas mãos ficaram secas e confortáveis, alertas, vivas.

Escovar os dentes

Deveriam ser escovados cuidadosa, suave e atenciosamente após cada vez que ingerisse qualquer alimento – mesmo que apenas uma fruta.

Nem sempre é possível.
Pelo menos enxague a boca.

Ao enxaguar a boca, seja em sua casa, onde ninguém está vendo além de você, seja em locais públicos, cubra a boca com uma das mãos e cuspa suavemente a água o mais próximo possível do ralo da pia. Evite espalhar os restos de alimentos e a água por toda a pia.

Depois, lembre-se de enxaguar a pia e a deixar impecável para a próxima pessoa. Mesmo que essa próxima pessoa seja você.

A escova de dentes deve ser nova e macia.

Escove dente por dente, sem afastar as gengivas (retração gengival pode ser um problema sério com mais idade, cuidado!).

Aprecie as cócegas nas gengivas, de leve, e a escova descendo suave sem remover o esmalte dos dentes.

Use fio dental e esqueça palitos de dentes.

Há pequenas escovinhas que passam entre os dentes removendo qualquer resíduo menor do que a escova não alcançou.

Bocheche bem e cuspa a água bem no ralo, o mais próximo que puder, tampando a boca. Faça isso mesmo que esteja sozinho em casa. Você perceberá que esse cuidado fará grande diferença em seu dia.

Bata de leve a escova para remover água ou partículas de resíduos. Lave bem a escova. Agradeça sua existência. Antigamente não havia escovas de dentes e, até hoje, na Índia, há pessoas que limpam os dentes com pequenos ramos de árvores.

Não exagere na pasta – nem coloque demais nem de menos. Apenas o suficiente. Procure espremer o tubo de baixo para cima. Não deixe restos de pasta espremidos dentro da tampinha. Saúde depende de atenção plena.

Por favor, faça toda sua higiene sempre presente. Sentindo os sabores, as temperaturas e evitando o desperdício sem avareza.

Trocar roupas

Ao trocar de roupas sempre sinta em sua pele a textura dos tecidos e os odores das vestimentas. Lembre-se de que usar roupas limpas e remendadas pode ser melhor do que usar roupas sujas e rasgadas.

Banho

Só abra o chuveiro quando estiver tudo preparado: toalhas, roupas que usará após o banho, sabonetes, esponjas.

Esteja nu.

Abra a torneira e aguarde até que esteja regulada a temperatura.

Molhe todo o corpo.

Feche as torneiras e passe sabão de banho.

Comece cada dia por uma parte diferente de seu corpo. Não mecanize. Precisamos sair do automatismo.

Divirta-se ao tomar banho, sinta o prazer da água e do sabão que escolheu.

Esfregue com respeito e firmeza.

Enxague bem o corpo, as partes íntimas.

Feche as torneiras, passe as mãos para retirar o excesso de água.

Enxugue com uma toalha seca e agradável.

Não use toalhas muito usadas, meio úmidas e com odores fortes, desagradáveis. Seu corpo ficará com esse odor, algumas vezes acre. Evite.

Coloque a toalha em um local onde possa secar.

Nunca coloque a toalha molhada sobre a cama.

Lembre-se de lavar o cabelo. Cabelo sujo fica oleoso e tem um cheiro bem desagradável.

Você pode estar acostumado a este odor, mas as outras pessoas logo se afastarão de você.

Perfumes não cobrem esse odor.

Mantenha-se limpo dos pés à cabeça.

Agradeça, ao terminar, que houve água, sabão, toalha e saúde para tomar banho sozinho.

Se precisou de ajuda, agradeça que teve quem ajudasse você.

Temos um altar na porta das salas de banho com a imagem de um ser que se iluminou ao tomar banho.

Não perca a oportunidade de fazer deste um instante zen.

Interligado a todas as águas do mundo, a todas as flores e fragrâncias. Tudo é você.

Refeição matinal

Prepare os alimentos com respeito.

Lembre-se de que foram necessárias inúmeras formas de vida para que chegassem até você.

Não leva mais do que um segundo se lembrar da terra, do vento, do Sol, da chuva, das pessoas que plantaram, cuidaram, colheram, comerciaram.

O gás é uma dádiva. Muitas pessoas ainda precisam usar lenha ou carvão.

Temos gás de rua ou botijão.

Cuidado!

Verifique se o fogão está em boas condições.

Só ligue o gás depois de haver acendido o fósforo.

Caso o fogão seja elétrico, tenha delicadeza. Não aperte o botão em exagero.

Para acender um fósforo, respeite a caixinha e o palito.

Coloque em local que não fiquem úmidos.

Pegue um palito e o observe. Apenas a pontinha contém o fósforo, que deve ser esfregado suavemente naquela borda da caixinha.

Procure fazer o movimento de cima para baixo, de forma vertical e não horizontal. Assim a caixa de fósforos terá vida longa e não falhará. Ficará com pequenos risquinhos verticais, um ao lado do outro, bem alinhados.

Estar atento ao que faz é estar zen.

O forno preaquecido facilitará para que o pãozinho fique macio e crocante.

Ao passar manteiga ou requeijão, lembre-se de pegar pelas bordas e deixar o pote ou o pedaço que sobrou bem plano. Não pegue pelo meio, nem limpe as facas nas bordas. Esses pequenos resíduos podem ficar expostos e estragar todo o resto da manteiga ou do requeijão.

Estar atento a como segura a faca e como retira a quantidade necessária é uma arte. Aprecie.

Coloque pedaços pequenos na boca. Mastigue de boca fechada e sinta o sabor.

Se estiver falando muito ou assistindo à TV, ouvindo rádio, respondendo e-mails ou no Facebook, você estará perdendo esse momento importante de comer em plena atenção.

Ao comer em plena atenção seu corpo irá dizer o que necessita e quanto.

Se comer sem atenção poderá comer menos ou mais do que necessita e ainda ficará com a sensação de saciedade ou insatisfação, pois nem a mente nem o corpo puderam perceber você se alimentando.

É bom refletir sempre em como os alimentos chegam até nós.

É recomendável comer as frutas mais de dez minutos antes dos outros alimentos. Sugestão: coma a fruta antes de preparar o café, chá ou o que você escolhe para a refeição matinal.

Seja coerente com seu corpo, sua saúde e a necessidade do dia: temperatura, atividades, trabalho, descanso, passeio, viagem.

Lembre-se de escovar os dentes após a refeição.

Antes de sair, despeça-se das pessoas que moram com você. Não saia sem se despedir. Nunca se sabe quando será a última vez.

Olhe para cada pessoa e se despeça com respeito e ternura.

Quem fica em casa e sai mais tarde deve se levantar e acompanhar, pelo menos até a porta.

Esse carinho e respeito irão fortificar o relacionamento.

Abra e feche as portas com delicadeza, sem fazer ruídos fortes.

Caminhe em plena atenção, sentindo cada passo e as diferenças dos terrenos em que pisa.

Mantenha a coluna ereta e a mente tranquila.

Esteja presente.

Absolutamente presente no agora.

É sua vida.

Não há bis.

Faça o seu melhor a cada passo.

Sorria a esta experiência única de vida, vida humana, século XXI.

Você está preparado para este mundo.

Saberá responder de forma adequada. Confie.

Abra o diafragma.

Caminhe de forma saudável e mantenha a humildade.

O que será que aprenderá hoje?

Observe o caminho, aprecie sua capacidade de visão.

Deixe que as imagens cheguem até você.

Esteja presente aos sons.

Há pássaros, carros, caminhões, motocicletas e bicicletas. Os sons também chegam a você. Não é necessário ir atrás deles, seguir, procurar.

Há pessoas caminhando, fazendo ruídos, e outras silenciosamente passam.

O que você faz com seus braços enquanto caminha? Observe e escolha como os colocar em movimento, harmonizando com suas pernas e seu tronco.

Lembre-se de manter a cabeça alinhada, como se houvesse um fio puxando do topo da cabeça para o céu.

Se estiver carregando objetos de valor, aja como se não tivesse nada precioso com você. Caso segure sua bolsa ou sua mochila de forma ostensiva estará provocando a curiosidade e o desejo de quem nada tem e é amigo do alheio.

Ao entrar em um elevador, cumprimente as pessoas. Sem excesso, sem faltas.

Lembre-se de que todos estamos neste mesmo barco – o planeta Terra. Todos partilhamos das mesmas dificuldades e necessidades.

Não se feche. Não impeça a sensibilidade natural da nossa espécie de se desenvolver.
Sorria.

Há céu, nuvens, Sol, estrelas, Lua, chuva, calor, frio.
Há vida. Em você e em tudo à sua volta.
Aprecie.

No local de trabalho, na escola, faça o seu melhor, com leveza.
Não queira ser a palmatória do mundo.
Não queira corrigir tudo e todos.

Seja o exemplo e não a crítica.
Observe em profundidade e compreenda.
Sem se lamentar e sem ofender.
Aprecie sua vida.

Nada fixo, nada permanente.
Seja a transformação que quer.
Dirija-se aos outros como gostaria que se dirigissem a você.

Trânsito

Cidades grandes têm um excessivo movimento de pessoas, carros, ônibus, metrô, carretas, caminhões, motocicletas.

Não reclame.

Se você escolheu morar nessa cidade, aprecie.

Lembre-se sempre de ir ao banheiro antes de sair. Nunca se sabe o tempo que poderá demorar até chegar a um banheiro.

Tenha alguns alimentos e água com você.
Quando estamos com fome, podemos ficar mais irritados.

Se o trânsito congestionar, escolha um bom programa de rádio para ouvir, uma boa música, palestras interessantes. Um bom livro pode ser um agradável companheiro.
Programe seu dia, as estratégias necessárias para chegar a seus objetivos.

Lembre-se de que sua vida está sendo rodada mesmo no trânsito parado.
Não desperdice sua vida.
Aprecie este momento.
Avise que se atrasará, caso isso aconteça.
Sem se desesperar, aprecie esses momentos.
Lembre-se de que você não está sozinho.
Estamos todos neste mesmo barco.
Navegue.

Observe linhas e cores, luz e sombra.
Veja as outras pessoas em seus meios de transporte.
Suas escolhas.
Se alguém buzinar, estiver apressado, querendo passar por você, insultando, lembre-se de que pode ser uma emergência. Dê passagem, não brigue.
A pessoa pode estar muito necessitada de ir ao banheiro.

Não fique com raiva, não insulte de volta, não atrapalhe quem está com pressa.

Conhecendo a si mesmo não será insultado nem incomodado por ninguém.

Respire conscientemente e aprecie sua vida.

Faça deste um instante zen.

Atividade física

Já há um grande número de pessoas que vão trabalhar a pé (usam tênis especiais para longas caminhadas/corrida) ou de bicicleta (com roupas especiais), pois são os únicos momentos que têm para qualquer atividade física.

Isso está acontecendo no mundo todo.
Carregam na mochila os sapatos sociais ou as roupas necessárias para o trabalho.

Se você está saudável e não tem tempo de ir correr nas ruas e praças, nem pode ir a academias, nem praticar ioga ou artes marciais, muito bem, resta caminhar forte, subir e descer escadas durante o dia.

Mas, ao fazê-lo, é necessário que esteja consciente de sua postura, dos músculos que está utilizando, do batimento cardíaco.

Há pessoas que gostam de fazer atividade física ouvindo música.
Isso, entretanto, pode alterar o equilíbrio natural do seu ritmo corporal.
Cuidado!
Mantenha atenção no seu corpo, nos músculos que se estendem e se contraem, nos ligamentos.
Não se machuque.
Não exceda nem faça menos do que pode.
Vá um pouco além do seu limite, sem perder a dignidade e a saúde.
Mova-se.
O corpo humano foi feito para o movimento.
Basta um instante de atenção e tudo muda.
Aquela caminhada que parecia longa e enfadonha se torna uma grande alegria.
A ladeira é uma oportunidade de contrair os glúteos e o abdômen e caminhar forte, usando os braços como impulso.

Se tiver de fazer faxina em casa, aproveite para se exercitar.
Abaixe dobrando os joelhos.
Lembre-se de que os joelhos nunca devem ultrapassar a linha da ponta de seus pés.
Logo, abaixe-se como se fosse sentar ou ficar de cócoras.

Se quiser pode levantar uma das pernas.
Divirta-se.

Quando precisar varrer, observe os movimentos, escolha qual mão fica na parte de cima da vassoura, perceba as torções do tronco. Exercite-se conscientemente.
A vida é para ser vivida com alegria.

Não há nada enfadonho ou repetitivo.
Cada instante é único e jamais se repetirá.
Estamos todos girando com o planeta em torno de nós mesmos e do Sol.
Ora gira que gira, sempre para a frente.
Não há retorno.
Vamos que vamos.
E podemos ir fazendo o bem para nosso ser individual e nosso ser coletivo.
Apreciando e exercitando músculos e neurônios.
Cada vez mais despertos, presentes, alertas e leves como plumas ao vento.

Deixe de lado os exageros e as expectativas temerárias.
Proponha-se a fazer o bem a todos os seres.
Perceba que todos os seres estão fazendo o bem a você.
Seja gentil com você e com tudo que tocar, ver, sentir, entrar em contato.
Somos a vida da Terra e estamos todos interligados a tudo e a todos.

Uma grande rede.
Somos os fios e os buracos da rede.
Somo a luz infinita dançando intermitentemente.
O que fazemos, falamos e pensamos mexe na trama da vida.
Como você está mexendo neste instante?
Saia do automatismo e faça deste um instante zen.

Caminhe por ruas diferentes, perceba o seu caminho, o entorno.
A meta, o foco é importante, mas sem apreciar como chegar até lá você estará perdendo metade do prazer de viver.

Sorria, namore, enamore-se de você e do mundo.

Veja as coisas boas à sua volta e se inspire com as pessoas honestas, dignas e corretas.

Na academia não se preocupe tanto com a TV, mas perceba seu corpo e seus movimentos.

Durante a natação compita com você, com seu tempo, seu desempenho.
Atletas de ponta praticam meditação. Sabem se concentrar e conhecem em grande intimidade suas necessidades verdadeiras.
Conhecer a si mesmo é a primeira etapa para a autorrealização.
O que é autorrealização?

Realizar a si mesmo.
Tornar-se real.
Não o imaginário, não o que se deseja ser, mas o que somos.
Acolher como estamos neste momento e criar causas e condições para que possamos ser como almejamos ser.

Nós, seres humanos, temos esta rara oportunidade – entre todas as espécies do planeta – de obter a autorrealização. E ela começa nos detalhes simples.

Os detalhes que fazem a diferença entre um automóvel e outro, entre uma roupa e outra, entre um calçado e outro, entre um ser humano e outro ser humano.

Desenvolva sua sensibilidade e presença.
Aprecie sua vida e a vida que se manifesta em todas as outras formas.
Respeite a si mesmo e a todos os seres.
Não queira que seu cão, gato, papagaio se comporte como um humano.
Não permita que o humano em você se comporte como um animal selvagem, descontrolado.

Acaricie, trate, cuide de você e de todas as formas de vida que encontrar. Há maneiras diferentes de se tratar uma cobra venenosa e um esquilo, mas o respeito deve ser o mesmo.

Não apenas porque um pode me matar e o outro pode me divertir, mas porque ambos são vida e há razões para que ambos coexistam no planeta.

Estive navegando pelo rio Negro com um grupo de escritores e leitores, organizado pela Livraria da Vila e Aurora Ecoturismo. As águas são negras e refletem tudo: barcos, pessoas, céus, margens. Não são apenas as águas claras e transparentes que tudo refletem. Você é capaz de refletir o que é, assim como é? Ou será que alteramos a realidade com nossas impressões e expectativas?

Buda é chamado de Tathagata – aquele que vem e vai do "assim como é".

O que significa isso?
Significa ser capaz de perceber a realidade, antes de julgar. E também perceber que este "ser como é" não é fixo. Flui. Está se transformando a cada instante.
As águas do rio Negro não estão paradas.
Estão vivas, movimentando-se, banhando e cobrindo margens, encolhendo-se e deixando à vista praias arenosas.
Sempre em movimento.
Um movimento que depende de inúmeras causas e circunstâncias.

Nós todos somos assim.

Então, não endureça.

Não diga que você é assim e que não pude ser diferente do que é.

Sim, primeiro observe como é.

Então veja como gostaria de ser e mãos à obra.

Você é a sua obra.

Construa, reconstrua, reforme, pinte, feche buracos e abra portas e janelas.

Ventile.

Sorria para sua vida e perceba que todos sorriem para você de volta.

Aprecie viver.

Basta um segundo zen.

Um instante tão rápido e passageiro.

Impossível pegar, agarrar, segurar.

Ao notar, já passou.

Tempo, tempo, tempo.

Somos o tempo.

Navegando.

Fluindo, jorrando.

Somos o barco, toda tripulação.

Somos o rio e toda vegetação.

Somos a pequenina cobra branca no meio da noite, o jacaré bebê, o bicho-preguiça.

Somo os poucos pássaros e aves. Os botos-cor-de-rosa e os botos-cinza.

Somos as águas mornas, as águas frias, as ferventes; somos o tudo e somos o nada.

Somos a floresta Amazônica e todos os seus rios.

E somos também os campos de arroz do Butão, os rios verdes gelados dos Himalaias.

Somos as várias crenças dos vários povos.

Somos a neve branca e a neve parda, suja de pneus passando e fuligem de carros.

Somos o bebê perfeito e o imperfeito.

Somos a língua que lambe a ferida e cura as doenças do mundo.

Somos o silêncio aflito do medo contido.

Somos o silêncio tranquilo da paz pressentida.

Saúde

Lembre-se de que saúde há de ser física, mental e social.

Como estão seus relacionamentos?

Há harmonia em casa, com quem você mora e vive intimamente?

Há harmonia no trabalho, com seus colegas, parceiros, colaboradores, inimigos?

Você tem inimigos?

Imagine um mundo sem inimigos.

Aquela pessoa que sente inveja de você, que quer puxar seu tapete, que fala mal pelas costas, é apenas um ser iluminado a lhe mostrar o caminho.

Não se deixe abalar. Não se deixe controlar pelos vícios e faltas dos outros.

Seja leve e correto.
Faça o seu melhor para ser cada vez melhor.
Não se conforme com a mediocridade, o "mais ou menos".
Queira ser excelente. Acredite, você pode se fizer o esforço correto. Aos poucos, irá apreciar esse esforço e alegrar-se no trabalho que leva à perfeição, ou quase perfeição.

Imagine ser capaz de ler os sinais do caminho e fluir, surfar, nadar, mergulhar, pegar jacaré e chegar de boa na praia.
A sua praia.
A praia da sua vida, bela, segura, confortável.
A pessoa que incomoda você é o seu mestre. Aponta suas fraquezas, onde fortalecer e melhorar. Lembre--se disso e viva sem inimigos.
Mantenha-se em atividade tranquila e em tranquilidade ativa.
Relaxar, ficar zen não é ficar sem fazer nada. É ser capaz de estar bem nas atividades, sem ansiedades extras, sem estresses desnecessários.
Um pouco de estresse, de pressão, é sempre bom para nos mexermos, irmos adiante, não nos acomodarmos.

Não se acomode.
A vida sedentária não faz bem.
É preciso condicionar corpo e mente por meio de atividade física e atividade mental.

Será possível separá-las ou será que podem funcionar em harmonia?

Para um bom condicionamento é preciso que haja treinamento adequado, com instrutores, educadores físicos, instrutores e educadores mentais que saibam transmitir o cuidado e a alegria do exercício, a capacidade de superação, conhecer os limites e atravessar as barreiras. Barreiras do corpo, barreiras da mente. *Intersendo*.

Uma palavra nova que deveria estar nos dicionários.
Interser.
Todos estamos nos relacionando com tudo, o tempo todo. Perceba.

Treinamento, disciplina e alimentação formam o tripé base de corpo são e mente sã.

Treinar. O que você quer treinar? Habilidade do equilíbrio na prancha, na corda bamba?

Habilidade de mergulhar em águas profundas?

Treinar para correr 5, 10, 21, 42 quilômetros ou entrar nas supermaratonas? Quem sabe triatlo? Ironman? Decatlo? Pedala, nada, corre... Corre, nada, pedala... Nada, pedala, corre...

Super-heróis e heroínas. Incansáveis nos treinos. Profissionais atletas. Futebol, basquete, vôlei?

Ou seria a dança clássica? Flamenco? Jazz?

Artes marciais, *tai chi*, *lian gong*, *chi kung*, *aikido*, caratê? Boxear, lutar? Tornar-se um samurai do Instituto Niten?

Ou prefere treinar natação, saltos, equitação?
Treinamento funcional? Pilates? CrossFit?
Há inúmeras possiblidades e temos de escolher algumas delas ou apenas uma.
Treinar os dedos nos teclados, nas cordas?
Treinar as cordas vocais?
A treinadora, o treinador são importantes.
Um instante de descuido e lá se vai uma articulação, um ligamento, uma distensão, uma ruptura, quebra um pólipo.
Por um fio.
A vida, a saúde, por um fio.
Sempre.
Cuidado com o desafinar.

Buda dizia que temos de estar afinados como as cordas de um violão.
Se muito esticada, rígida, ela se parte.
Se muito frouxa, o som é desagradável.
Todos os dias, assim como os músicos numa orquestra, temos de afinar nosso instrumento de som: corpo-mente.

Treinar a mente a conhecer a própria mente.
Treinar o corpo a conhecer o próprio corpo.
Conhecendo podemos usar da melhor maneira possível.
Não apenas parando em nossos limites, mas aumentando os limites de forma equilibrada para atingir nossos objetivos.

Quais seus objetivos de saúde mental?

Seria apenas o bem-estar passageiro ou o encontro com a Verdade e o Caminho?

Desafio.

Treinar a mente a escolher pensamentos, atitudes, posturas, respostas.

Para tudo é necessário disciplina: comer nas horas certas, dormir o suficiente, manter relacionamentos saudáveis, escolher o que lê, o que estuda, o que escuta, o que assiste, o que conversa. Estimulamos neurônios. Estímulos de sinapses neurais ocorrem por meio de nossos encontros e desencontros, de nossas escolhas.

Você pode exercitar sua mente assim como quem exercita o corpo.

Que sinapse está estimulando agora?

Manter um ritmo – o seu ritmo vital.

Ele pode mudar. Podemos valsar e dançar forró.

Ritmos diferentes, mas o seu ritmo vital deve ser respeitado tanto no devagar quanto no rápido.

Conhecer para realizar.

Alimentar-se de produtos mais simples, naturais de cada estação do ano. Beber água pura. Respirar ar não muito poluído. Dormir nas horas adequadas e quantas horas forem necessárias para recompor corpo-mente.

Se essa tríade for respeitada, você terá saúde física, mental e social.

Como está se socializando?

Observe a si mesmo.

Se estiver muito crítico de si mesmo e dos outros, comece a prestar atenção nas qualidades e deixe os defeitos de lado.

Apenas observe o que cada pessoa tem de bom e construtivo para sua relação.

O mesmo para a vida política e econômica de sua família, bairro, cidade, país.

Dê foco e visibilidade ao bem e verá que o mal se encolherá e ficará tranquilo em sua morada.

Não o acorde, não o estimule.

Doença

Se ficar doente, cuide-se bem e se deixe ser cuidado.

As doenças existem e podem recair sobre qualquer um de nós.

Reconheça, aceite, procure curas alopáticas e complementares.

Há médicas, médicos, enfermeiras, enfermeiros excelentes tanto na rede pública quanto particulares. Procure as causas, trate-se.

Há tratamentos difíceis, como hemodiálise, quimioterapia, radioterapia.

Esteja presente em cada instante.
Ao vomitar, apenas vomite.
Sinta o ardor na garganta.
Lave a boca e siga em frente.

Não há vítimas e vitimadores.

Aceite a picada da injeção, do soro, dos remédios na veia.
Esteja presente em cada experiência da vida. Não fuja de si mesmo.
Não ignore a dor.
Tome remédios que diminuam o mal-estar.

Doenças mentais: ansiedade, depressão, síndrome do pânico, entre outras, podem e devem ser acompanhadas por especialistas.
Orar e meditar auxiliam, mas não são suficientes.
Remédios devem ser tomados durante os períodos prescritos.
Não se iluda. Pode estar faltando um salzinho nas comunicações neurais.
Reponha.
Se lavamos as feridas com água e sabão, por que nos recusamos a lavar as feridas invisíveis da mente?

Não coloque uma flecha sobre a flechada que a vida deu.
Não reclame, não sinta rancor ou raiva de quem está saudável ou de quem está querendo ajudar você.
Peça ajuda. Aceite ajuda.
Permita que outras pessoas participem do seu processo de cura.
Tome os remédios de acordo com as instruções.

Mude sua maneira de viver, suas dietas, suas atividades, seus sonhos.

Enterre seus mortos: tanto pessoas queridas como ideais não atingíveis.

Cuidando, somos cuidados.

Cuide de si e dos outros e perceberá que, na verdade, estamos todos em rede e podemos nos cuidar mutuamente.

Não é muita reflexão mística.

Basta um instante de clareza.

Espiritualidade

Orar, meditar, pertencer a um grupo filosófico e questionador sobre o que é a vida, a morte, se há sentido ou não há sentido algum na existência – fazem bem ao ser humano. Podem chamar isso de caminho da espiritualidade.

A palavra espírito está ligada a inspirar e expirar. Última expiração – quando o espírito sai do corpo? Seria o gás carbônico?

Diferentemente, mas não de forma ausente, das religiões e dos cultos, a espiritualidade permeia a vida humana.

Entretanto, há religiões e cultos que perderam a profundeza espiritual e mantêm apenas a forma vazia de conteúdo.

Nos momentos de dúvida, de tensão. Nos momentos de dor e aflição, de medo e tristeza – a quem ou a que você se remete?
Nas alegrias e sucessos, a quem você agradece?

Lembra-se da prece que mamãe, vovô, papai, vovó, titio, titia ensinaram?
Lembra-se daquela senhora simples que demonstrou o milagre de colocar as mãos palma com palma?
Quem nos ensinou a pedir por favor, com licença e de nos arrepender de nossas faltas, corrigir nossos erros?
Você ainda é capaz de o fazer com toda pureza e certeza?
No mosteiro feminino de Nagoya havia um monge professor que vinha todas as quartas-feiras: Mano Kampo Roshi.
Como eu acabei ficando muitos anos no mosteiro, pude ouvir suas aulas inúmeras vezes, repetidas vezes. Nunca me cansei.
Nunca achei que fosse a mesma, pois nunca foi a mesma.
Ele nos dizia que quem consegue colocar as mãos palma com palma não está escondendo nada, não está ameaçando ninguém e está inteiro, com inteira atenção para a pessoa à sua frente.

Você consegue isso?

Estar presente no relacionamento.
Olhar em profundidade a pessoa com quem dialoga?
Agradecendo.
Parece tão simples e não é.
Apenas coloque suas mãos, palma com palma, feche os olhos, abaixe um pouco o tronco e a cabeça.
Agradeça.
Como ensinava o professor Hermógenes, um dos pioneiros do Hatha Ioga no Brasil: aceite, entregue, confie e agradeça.

Isso é espiritualidade elevada e, logo, muito simples.
Mãos palma com palma.
Mãos em prece.
A sua prece pode ser ouvida por você?

Família

Filhos... Filhos?
Melhor não tê-los!
Mas se não os temos
Como sabê-los? [...]

Vinicius de Moraes

Tudo que existe é o cossurgir interdependente e simultâneo.
Os pais nascem com os filhos e vice-versa.
Interdependentes.
Serão os filhos que ensinam os pais a serem pais?

Com certeza para os capazes de ver e ouvir verdadeiramente.

Algumas vezes criamos uma fantasia sobre como deve ser a família, qual o comportamento dos pais, dos filhos, dos avós, dos tios e assim por diante.

Mas, a vida tem seus rumos, e o caminho as suas curvas.

Quando menos se espera, o sinal muda, e, se não percebemos, somos atropelados ou esmagados.

Família para mim é família humana. A espécie humana a qual pertencemos, que formamos. Homens e mulheres, crianças e idosos. Somos uma única família biológica. Podemos nos acasalar com pessoas de qualquer parte do planeta e nossos filhos podem ter filhos. Fertilidade, consanguinidade, continuidade.

DNA.

A expansão da consciência, de uma visão minúscula da família monocelular para a visão mais abrangente da família humana é o elemento primordial de sobrevivência da nossa espécie.

Observe em profundidade.

Cada pessoa tem pai e mãe.

Todos tiveram pai e mãe.

Deveria haver uma multidão maior do que a de agora e havia menos pessoas no mundo.

Estamos todos interligados por ancestralidades comuns.

Apreciemos essa grande família e cuidemos uns dos outros, muito além de culturas, religiões, etnias, cor de pele, formato de olho, nariz, intestino, cabelo. Há algo em comum que nós reconhecemos humanos, com sentimentos e emoções muito próximos.

E como cuidamos dos que estão mais próximos de nós geograficamente?
Pessoas que moram conosco ou nas proximidades?
Será que nos conhecemos e nos respeitamos?
Respeitamos nossas crianças?
Isso não significa que permitimos que sentem no lugar principal da mesa, que comam primeiro, que escolham o que comer, aonde ir, como se vestir.
Respeitá-los é convidá-los ao diálogo e à reflexão desde cedo.
Apresentar a eles a capacidade de compreender emoções e sentimentos e saber lidar com sabedoria e ternura.
Não é tratá-los como superiores, inferiores nem mesmo iguais. Reconhecer em cada ser humano seu potencial e auxiliar para que se desenvolvam em plenitude.

Lembro-me de uma senhora que veio me procurar, com depressão. Conversa vai, conversa vem, descobri que ela tinha dificuldade em aceitar a homossexualidade de seu primogênito.
Conselho meu:

"A senhora precisa ir à parada gay, precisa se informar sobre homossexualidade, precisa aceitar e amar seu filho sem expectativas de que ele seja desta ou daquela maneira."

A mãe se surpreendeu, pois esperava que eu a compreendesse. Mas eu a havia compreendido e também a seu filho. Ela e o marido precisavam se informar, saber, compreender o que é a homossexualidade.

Nenhuma razão para se deprimir ou se sentir culpada.

Somos o que somos e desde a antiguidade a homossexualidade existe.

Faz parte da família humana.

Assim, as pessoas que moram na mesma casa devem se reunir – mesmo que seja apenas uma vez por semana, para ter um momento de silêncio juntos.

No silêncio nós todos podemos chegar, estar presentes, respirar em profundidade para sermos capazes de dialogar.

Para dialogar é preciso calar. Para entender é necessário ouvir sem crítica ou julgamento. Cada um por seu turno.

Não precisam ficar horas nesse encontro. Alguns minutos, dez, quinze?

Cinco minutos de silêncio e dez de partilha.

Depois cada um na sua atividade, estudos, amigos, trabalhos, alimentação.

Ah! Se pudessem comer uma refeição por dia todos na mesma sala; celulares, televisões, computadores e jogos desligados. Comensalidade, compartilhar alimentos com alegria e saúde. Partilhar experiências, reflexões, dúvidas e ternuras. Opiniões diferentes, brigas, expectativas de como devem ser, em quem devem votar, no que acreditam – pilhérias desconstrutivas de formas de pensar – tudo poderá ser transcendido pelo encontro e pelo diálogo.

Mas os tempos estão mudando, as pessoas ficam juntas virtualmente, nos comunicamos dentro da mesma casa pelos celulares, temos interesses e amigos diferentes, nossa conversas não se afinam e somos mais próximos de pessoas distantes.

Sendo assim, como é, nossa família virtual é maior do que a família real. Ainda bem.

Espalhamos nossas ideias e recebemos influência de muitas outras áreas.

Que seja para a expansão das consciências individuais e que nosso consciente coletivo seja mais produtivo para o bem de todos os seres.

Cientistas estão desenvolvendo jogos coletivos, em que participantes procuram soluções para questões de saúde e cura, capacitando uns aos outros a desenvolver potenciais cooperativos que beneficiem a espécie humana.

Assim, perceba que sua família é muito maior do que as pessoas que utilizam a mesma casa, a mesma mesa, cozinha, banheiro, corredores.

Logo, não reclame pela falta de atenção de quem está por perto, mas procure chamar atenção – mesmo virtualmente. Entre na turma, seja membro dessa família.

Sem saudosismos, sem querer a volta ao passado.

Mas, sempre para a frente, sempre adiante, compartilhando da tecnologia para educar, formar e cuidar.

Escolha, selecione e se comunique, sem raiva, sem querer se impor, sem cortar cabeças.

Reaprenda a dialogar com frases curtas.

Seja direto e correto.

Verá que há um novo meio de apreciar a família da era atual. A tecnologia está vindo cada vez mais forte e modificando todos os tipos de relacionamentos.

Aprecie e direcione essa mudança com sabedoria e tato.

Respeite que será respeitado.

Intimidade e sexualidade

Você é íntimo de si mesmo? Mantém grande intimidade com você?
Conhece e respeita seu corpo e sua mente?

Você cria intimidade com seu parceiro ou parceira sexual?
Conhece e respeita seu corpo e sua mente?

Um dos Preceitos Budistas para leigos é de não manter relações sexuais impróprias.
O que é próprio na sexualidade, nesse campo em que a liberdade e a imaginação devem estar de comum acordo?
Esse acordo inclui a necessidade do outro.

Você respeita a pessoa com quem mantém relações sexuais? Respeita suas necessidades verdadeiras?
Conhece as suas próprias necessidades?
Faz acordos?
Mantém a chama viva?
Acessam ao sagrado juntos?

Algumas vezes é necessário que haja estímulos.
Uma luz de vela, uma lareira, um abajur, um celular aceso no canto da sala?
Ou a luz acesa, muita claridade, o Sol, o vento, a praia, o mar?
Faça um gesto carinhoso.
Vale mais do que palavras e cartas de amor.
Seja o amor vivo.

Certa feita estava em um templo no Japão.
Os japoneses mais antigos não costumam dizer uns aos outros "eu te amo".
Respeito, amor, ternura se manifestam em suas ações e palavras, pensamentos, atitudes.
Na ocasião, perguntei ao casal que se sentava à mesa comigo se trocavam palavras de amor.
O marido respondeu que não era necessário e completou: ela é o ar que respiro.
Agora, cuidado.
Isso não significa que precisa se matar se o outro morrer primeiro.
Mas, lembrar-se de que quem se foi ainda vive em você.

Se houver alguma tarefa caseira que cause cansaço ou desconforto, corra a fazer primeiro.

Surpreenda seu parceiro, sua parceira com mimos assim.

Sentirá a harmonia e a alegria da convivência facilitada.

Não reclame tanto, não resmungue, não exija.

Faça e aprecie a vida.

À noite, se dormem no mesmo quarto, conversem um pouco antes de dormir. Orem juntos.

Quando se encontrarem, olhem-se nos olhos.

Nossa face revela tudo, nossos olhos dizem mais que todas as palavras.

Iniciem um diálogo verdadeiro – de ouvir um ao outro para compreender.

Estar junto.

Caminhar lado a lado.

Lembre-se de que um não pode ocupar o mesmo local do espaço do outro.

Dar espaço é intimidade.

Confiança é intimidade.

Respeito é intimidade.

Falar baixo é intimidade.

Refeições

Antes de comer, lave as mãos e beba um pouco de água pura.
Sirva-se de alimentos da estação e adequados para as atividades que se propõe a fazer após a refeição.
Olhe para seu prato, com as mãos unidas.
Observe se os alimentos estão bem-dispostos no prato.
Comemos também com os olhos.
É preciso que esteja bonito.
Sinta a fragrância dos alimentos.
Há um poema-prece que fazemos nos mosteiros antes de comer com o qual refletimos de onde vieram os alimentos, quantas formas de vida foram envolvidas, se merecemos recebê-los e que comeremos para praticar os ensinamentos e fazer o bem a todos os seres.

Comer em silêncio é sempre melhor.
Aprecia-se mais os sabores.
Não coloque muito sal ou *shoyu*.
Cada alimento tem seu sabor.
Sinta a diferença de sabores. Aprecie o paladar.
Mastigue cuidadosamente, mas sem exagero.
Não faça barulho com os talheres na louça, nem coma de boca aberta. Procure mastigar conscientemente e sem ruídos.
Nunca encha seu prato. É melhor repetir do que deixar restos.
Se puder, repita.
Não deixe nenhum grão de arroz no prato.

Nos mosteiros, passamos água quente e chá nas tigelas em que comemos e bebemos essa água ou chá agradecendo pelo seu sabor de néctar celestial.
As tigelas ou pratos em que comemos devem ficar limpos.

Ao terminar de comer novamente colocamos as mãos palma com palma e agradecemos.

Não é adequado ficar reclamando da comida, empurrando o prato para longe ou conversando tanto enquanto a comida esfria e você nem sente o sabor.

Deixe os talheres alinhados um ao lado do outro, o corte da faca voltado para o garfo e não para fora.

Se usou guardanapo de papel, dobre bem pequeno e coloque no prato como se fosse um objeto de arte.

Não deixe cascas viradas para cima, restos espalhados pelo prato.

Se encontrou algo que não pode ingerir, deixe em um canto do prato, com respeito.

Lembre-se de que alguém irá pegar seu prato e lavar – facilite para essa pessoa e não a desgoste com aparência desagradável de seu prato.

Se você retira pratos e talheres da mesa, cuidado para não fazer ruídos, coloque gentilmente um prato sobre o outro, ou leve cada prato separadamente para a área de serviço.

Se você cozinhou, é importante notar o que foi deixado para poder melhorar seus cuidados da próxima vez, evitando que as pessoas deixem restos.

Devemos nos levantar da mesa satisfeitos, mas tendo a possibilidade de comer mais uns 20% da sua capacidade estomacal.

Não se empanturre.

Respeite seu corpo.

Perceba a suficiência.

Seria adequado descansar uns quinze minutos após as refeições. Descansar significa sentar-se confortavelmente ou deitar-se por alguns momentos. Pode descansar também caminhando lentamente e conscientemente por áreas sem muito calor ou muito frio.

Principalmente para as pessoas que trabalham sentadas por muitas horas.
Caminhar é descansar da posição sentada.

Algumas empresas têm áreas de relaxamento e meditação. Após a refeição pode se deitar por alguns minutos, mas não é adequado meditar durante a digestão.

Se quer meditar ou praticar ioga, faça antes de comer.

Lixo

Há várias espécies de lixo: visíveis e invisíveis.
Aqueles que separamos e alguns que misturamos.
Do lixo orgânico pode-se fazer adubo e apreciar as flores e os alimentos que surgem da reciclagem.
Do lixo emocional, das violências, dos abusos, pode surgir a consciência e a transformação de uma sociedade violenta para o cultivo de uma cultura de Paz.
Não jogue nem mesmo uma ponta de cigarro na rua.
Não jogue o papel de bala.
Se deixou cair qualquer coisa no chão, pegue e jogue no recipiente adequado para o seu descarte.
Leve com você o lixo produzido em eventos musicais, jogos de futebol, aglomerações públicas, manifestações.

Parece pouco?

Se cada um de nós cuidar e evitar lixo nas ruas, nas estradas, nos campos, nas casas e nas mentes humanas, teremos um mundo melhor. Atenção com o lixo que você produz e como o transforma, recicla ou descarta.

Manifestações

Devemos nos manifestar publicamente, mas sem agressão e sem violência.

Quer nas ruas, quer nas redes sociais.

Mahatma Gandhi conseguiu a independência da Índia por meio do diálogo.

Em certa ocasião, reuniu seus amigos – correligionários políticos? – e foram ter um encontro com os ingleses, que colonizavam a Índia.

Os amigos de Gandhi se exaltaram, ofenderam os ingleses e nenhum acordo foi feito.

Ao sair, Gandhi disse:

"Vou conseguir outro encontro, mas só poderá vir comigo quem for capaz de amar os ingleses."

Acordos só podem ser feitos entre pessoas que se respeitam. Aprenda a respeitar os outros, quem pensa diferente de você e se manifeste com sabedoria e ternura.

Em outra ocasião, também na Índia, para melhores tratamentos e salários aos trabalhadores nas salinas, foram feitas manifestações pacíficas, silenciosas, sem gritos, sem palavras de ordem, apenas cartazes e multidões caminhando de branco pelas ruas.

Ambos obtiveram sucesso.
Por que ofender, odiar, xingar?
Violência só gera violência.
Quer seja por times de futebol ou partidos políticos.
Perceba que um time só pode jogar se houver outro time.
Que partidos e pensamentos políticos, econômicos e administrativos só existem em contrapartida a outros pensamentos. Respeite quem pensa diferente de você.
Quando e se for a uma manifestação, vá com respeito a todos os seres, todas as formas de vida.
Não silencie.
Fale com ternura.
Lembre-se de Martin Luther King, líder norte-americano contra o racismo:
"O que mais temo é o silêncio dos bons."

Manifeste-se, sem se tornar o mal que você está questionando. Torne-se o bem. Empodere o bem em sua vida. Dê força à bondade.

Converse, divulgue ações benéficas, sucessos, beleza, vida.

Não dê tanta atenção e poder ao mal, ao erro, às faltas e desgraças.

Elogie as ações corretas.

Não negue a realidade, mas aja para transformá-la.

Que sejam feitas ações de não violência ativa.

Não jogue rojões, bombas.

Não quebre vidros nem queime ônibus ou objetos de uso público.

Demonstre, com sabedoria e sagacidade, seu ponto de vista.

Torne visível o invisível.

Sem rancor, sem mágoa, sem vingança.

Faça de sua manifestação – nas redes sociais ou nas praças públicas – um instante zen.

Relaxar e restaurar energia

Quando se sentir com muito cansaço, deite-se no chão com as costas apoiadas e as pernas erguidas, apoiadas na parede.

Procure se sentar o mais próximo possível da parede para que as pernas fiquem em ângulo reto com o tronco.

Pode ficar, no máximo, meia hora nessa posição.

Depois, deite-se com as pernas no mesmo nível do tronco por pelo menos dez minutos.

Sinta a circulação sanguínea.

Não faça esse exercício de barriga cheia.

Faça antes das refeições ou entre as refeições.

Se trabalha muitas horas no computador, pare de hora em hora a fim de olhar para o céu.

Os olhos precisam de alongamento e restauração.

Quem costura ou tem atividades que exigem muito da visão, também deve olhar para a imensidão com o intuito de relaxar e descansar os olhos.

Meditar

Meditar não é relaxamento.

Meditar é estar em contato com a essência de si mesmo, que é a essência da vida.

Para entrar em contato, temos de passar pelos portais e seus guardiões.

Nem sempre é um processo fácil ou rápido.

Assim, sem intenção de intenção, sente-se de forma adequada.

Procure centros de práticas meditativas, templos, igrejas, sinagogas, mesquitas, terreiros, pajés, professoras e professores que tenham coerência entre sua maneira de viver e os ensinamentos. Pessoas com experiência e prática corretas.

Procure meditar perto de quem medita há mais tempo.

Aprenda a meditar.

Aprenda a pacientemente reconhecer os vários estados mentais.

Siga as instruções de uma escola.

Participe de retiros.

Vida ética, meditação e sabedoria formam uma tríade.

Apenas *mindfulness*, plena atenção, sem valores éticos, pode ser um engano.

Faça de sua vida uma experiência mística realista.

Viva o instante zen.

Reuniões de trabalho

Prepare-se bem.
Em tranquilidade, escreva os itens principais.
Procure ser sucinto e direto.
Respire antes de entrar na sala.
Caminhe em plena atenção.
Alinhamento da coluna, sinta os pés dentro dos calçados: direito, esquerdo.
Esteja presente a cada movimento de seu corpo.
Regule a respiração.
Leve suas anotações e apresentações de forma impecável.

Antes de ir ao encontro, o encontro já está ocorrendo. Perceba, vista-se devagar. Escolha suas roupas com cuidado e as vista com atenção. Rearranje suas roupas ao chegar. Abra a porta com atenção, devagar, mas sem medo.

Se discordar de alguém, faça-o com respeito.
Não insulte ninguém.
Não use palavras pesadas, palavrões, expressões grosseiras.
Se suas ideias forem acolhidas, muito bom.
Se não forem acolhidas, pense em como as apresentar melhor da próxima vez e não se entristeça.
Já dizia Abraham Lincoln:
"Não se pode agradar a todos o tempo todo".

Aprenda a ler as outras pessoas na sala

Quando cheguei ao mosteiro, no Japão, eu não falava japonês e as monjas não falavam inglês, com uma ou duas exceções.

Nossa Superiora, desejando que eu aprendesse japonês, também proibira que falassem em inglês comigo.

Aprendi as observar em profundidade.

O corpo, a face, os olhos, falam muito mais do que as palavras. Nuances de contrações musculares, de respiração, tudo está conversando conosco.

Ser capaz de observar em profundidade, compreender é uma arte a ser praticada.

Observe, com prudência e respeito (sem ficar olhando muito, encarando). Você pode escanear em um instante a sala toda. Veja a sala, quem está, como está. Veja o ser humano e não apenas os cargos e posições. Mas tampouco se esqueça ou ignore hierarquias e posições.

Quem é esse ser humano?
Que necessidades tem?
Elas estão sendo atendidas?
Quem está nervoso ou calmo?

Assim, sendo capaz de reconhecer as pessoas à sua volta, fale com clareza quando for adequado. Não fale quando outros estiverem falando. Espere a deixa. Também não fique em silêncio todo o tempo.

Seja adequado ao grupo e às circunstâncias.

Escolha o lugar apropriado para se sentar – aquele lugar que corresponde à sua posição atual no grupo.

Sempre pense: onde posso ficar para que todos se beneficiem?

Reuniões sociais

Vista-se de forma adequada para a circunstância.

Não vá de bermudas para um jantar solene nem de casaca para um almoço na praia.

Procure não falar demais, não se torne o centro das atenções, nem se esconda em um canto.

Participe, converse.

Não beba demais nem coma exageradamente.

Sempre é bom ter feito um pequeno lanche antes de ir, para não estar faminto e sedento.

Perceba a necessidade dos outros antes da sua.

Sem exagero.

Exagerados são chatos bajuladores e se tornam insuportáveis e sujeitos a piadas.

Da mesma maneira quem só pensa em si mesmo nem sempre será convidado novamente.

Não se embriague.
Não faça piadas sobre etnias, deficiências.
Respeite a diversidade humana.

Mantenha a dignidade e o fluir.
Não termine de comer antes de todos nem seja o último a terminar, de forma que todos fiquem esperando.
Crie um ritmo de acordo com o ritmo do grupo.

Converse um pouco com cada grupo – o que você tem a aprender com essas pessoas é mais importante do que o que você acha que deve ensinar.
Seja um exemplo e não aponte erros e faltas alheios.
Seja gentil ao se despedir.
Não dirija se bebeu.
Volte mais tarde para buscar o carro, moto, bicicleta.
Tenha cuidado ao andar.
Não ande falando ao celular.
Evite acidentes.

Casamentos

Você sabe por que está se casando?
O que é o casamento para você?
Amor, conveniência, posição, conforto, obrigação?
Tenha muita clareza do seu comprometimento e do seu companheiro ou companheira.

Na Cerimônia de Casamento em frente a Buda, peço aos noivos e noivas que escrevam juntos seus votos de casamento.
Não devem repetir minhas palavras.
Devem escolher suas palavras, devem ter refletido sobre o significado desse sacramento.

Sacramento por ser um ato sagrado.
Não é apenas um ato social, ou sexual.

É um compromisso frente a sacralidade de sua própria vida.

Poucas pessoas são capazes de se comprometer por longos períodos.

Logo desistem de seus comprometimentos, esquecem seus votos.

Falta-lhes resiliência, representada pela flor da ameixeira – uma das bênçãos nos casamentos budistas. As outras duas são longevidade e frescor em todas as estações, como o pinheiro, e flexibilidade, respeito e espiritualidade, como o bambu.

No Japão há até garrafas de saquê com o nome e o desenho das três grandes congratulações: *sho – haku – bai*.

Sho é o pinheiro que se mantém sempre verde em todas as estações do ano. Diferente das outras árvores que perdem folhas e mudam suas cores.

Haku é o bambu, que se dobra e não se quebra, cresce em nódulos (o respeito aos que vieram antes de nós: pais, ancestrais, professores, mestres) e leva cerca de cinco anos sob a terra até surgirem os brotos – o trabalho interno da espiritualidade.

Bai é a ameixeira. Nos países de clima temperado ou frio, as ameixeiras brancas são as primeiras a desabrochar. Ainda há neve. A árvore parece morta, seca, só galhos retorcidos. E, de repente, 1, 2, 3, 1.000 botões pequeninos brancos surgem dos galhos secos. A fragrância suave permeia a atmosfera. A árvore parecia morta e agora anuncia a primavera.

A capacidade de suportar o frio intenso, as dificuldades, e jamais desistir, aguardar o momento certo e desabrochar em fragrância.

Há um poema japonês antigo:

> Ume wa kanko ete
> Senko o hasu
> *[A ameixeira suporta o grande frio e desabrocha em fragrância]*

Peço aos noivos que escolham um casal feliz, casado há mais de dez anos, pelo menos, para apadrinhar o casamento.

Não há padrinhos e madrinhas do noivo ou da noiva, mas um casal que conseguiu, e que consegue, manter-se em respeito e ternura depois de passadas as fases iniciais do sexo e do amor. Pessoas que aprenderam a conviver e a dialogar. Pessoas que dão suporte uma a outra para que cada uma mantenha sua individualidade e a responsabilidade dos votos assumidos.

Os votos, os compromissos devem ser refeitos a cada dia, a cada noite.

Nada é permanente.

Renovar os votos, rever os propósitos, adaptar-se aos novos seres que estão surgindo a cada novo livro, novo encontro, novo dia.

A pessoa que está com você agora, depois de sete anos, digamos, não é a mesma com quem você se casou.

Você também mudou.

Ainda são capazes de transpor as diferenças e apreciar um ao outro?

Casamentos hétero ou homoafetivos.

Falo de seres humanos que se comprometem a viver juntos, a cuidar um do outro, a dar espaço um ao outro para se completarem como seres humanos.

Se você é padrinho, madrinha de um casamento, sente-se apto a aconselhar e auxiliar o casal a se manter unido em respeito e ternura?

Não pode tomar um dos lados, entender uma pessoa e não compreender a outra. Deve apostar que aquele casal conseguirá manter e renovar seus votos e que vocês estarão juntos, aconselhando e torcendo para que consigam seus objetivos.

Divórcio

A separação de um casal pode ocorrer.

Não conseguiram atingir seus votos e compromissos, não conseguiram renovar os votos e os comprometimentos.

Foram crescendo e caminhando por vias tão opostas que já não há mais encontro.

Desencontrados, já não se reconhecem mais.

Momento de separar.

Não de matar ou de morrer.

Apenas de cortar os laços que já foram desfeitos – pelos dois.

Ninguém se casa sozinho.

Ninguém se separa sozinho.

Ambos são corresponsáveis pelo distanciamento.

As duas pessoas estão tão envolvidas na separação como quando se casaram.

Então, que se respeitem nesse momento.

Casaram-se com alegria.

Separem-se com respeito.

Compreendam um ao outro.

E nunca falem mal aos filhos do ex-companheiro, da ex-companheira.

Lembrem-se de que os filhos receberam influência das duas pessoas, os filhos são o resultado de duas pessoas. Para que cresçam e se desenvolvam saudáveis, que saibam apreciar os valores positivos de cada um.

Não compitam mais pela educação, pela atenção, pelo respeito e amor de seus filhos.

Amem e respeitem seus filhos.

Separação, divórcio, deve ser algo terno como foi o casamento.

Para isso é preciso amadurecimento e distanciamento.

Quando o ódio substitui o amor, é que não surgiu o amor verdadeiro.

Quando a posse substitui o compartilhar, é que não houve verdadeiro encontro.

Ciúme, inveja, competição desleal podem surgir num casamento.

Observe em profundidade seus sentimentos e suas emoções.

Seja verdadeira, verdadeiro.
Transforme a raiva em compaixão.
Treine a si mesmo para compreender seus sentimentos e emoções.

Ninguém é traído sem que soubesse da traição.

Sinta seu parceiro, sua parceira.
Sinta a si mesmo. A raiva, a briga, os gritos, os tapas, os insultos, jogar coisas longe, querer matar ou morrer não alteram o fato de que houve um distanciamento e que ambos permitiram que ocorresse.
Faça da vida um sacramento de ternura e respeito, sem competir, mas colaborando.
A cooperação entre duas pessoas é o princípio da cooperação entre todos os seres.
Assine os papéis e siga em frente. Que no próximo relacionamento saiba estar mais presente, mais atento, para evitar danos futuros.
Perceba seus erros e faltas, e corrija esses erros e faltas para que não se repitam.
Deixe de apontar os erros e faltas alheios.
Mas, também, não se torture dizendo que você é vítima de si mesmo.
Corrigindo os erros, fortificando seus pontos mais vulneráveis, poderá viver com alegria e humor.

Velórios e enterros

Se você morreu, morra bem.
Isso mesmo.
Esteja bem morto, parado, gelado, inerte.
A face tranquila de quem relaxou todos os músculos.
Não se preocupe que alguém virá limpar você, pois os esfíncteres também relaxaram.

Haverá choros e risadas.
Saudades e despedidas.
Piadas, memórias, lamentos.

A pessoa morta deveria estar nua e envolvida apenas por um lençol branco.

Na Índia, conforme o sexo ou idade, o pano que envolve é de uma cor diferente. E assim vão para a pira crematória em local aberto, às margens do rio Ganges.

No Brasil, temos o hábito de vestir o cadáver com roupas boas e a maioria ainda é enterrada.

Lembrem-se de que roupas sintéticas não desaparecerão.

Quando você for fazer a exumação encontrará uma meia esticadinha, cheia de pó e ossos, por exemplo.

Antigamente, nos velórios, era adequado servir café, pasteizinhos, doces.

Afinal, as pessoas teriam vindo de longe e muitas passavam a noite em claro, velando o corpo.

Atualmente, há assaltos, quase ninguém leva alimentos ou bebidas a compartilhar, os velórios são em cemitérios, locais públicos. Alguns policiados e alguns fechados na madrugada.

Houve e ainda há quem faça o velório em casa.
Muito mais íntimo.
Oferecem alimentos e bebidas.
Todos sentam, conversam, lembram-se de passagens com a pessoa morta.
Contam piadas, bebem, choram e riem.

Se você for a um velório, lembre-se de se vestir adequadamente.

No Japão, todas as pessoas têm roupas adequadas para os enterros.

No velório, naquele susto ao se deparar com a morte e você quer se despedir, nem sempre dá tempo de trocar de roupas.

Mas, para o enterro ou cremação, é diferente.

Já se passaram pelo menos doze horas da morte.

Deu tempo de ir para casa e trocar de roupas.

Uma gravata preta, um terno escuro.

Ou camisa branca e calça escura, longas, para os homens.

Mulheres de vestidos discretos e cores neutras.

Roupas pretas e colares de pérolas são o modelo japonês.

Nada de decotes, saias curtas, maquiagem excessiva.

Sapatos baixos ou de saltos discretos.

Nada de excessos.

Não se jogue em cima do caixão.

Não grite e se agarre abraçada aos outros.

Respeite esse momento de passagem.

Faça suas despedidas discretamente e com respeito aos familiares mais próximos.

Não exiba a si mesmo.

Lembre-se de que os familiares mais próximos estão recebendo muitos cumprimentos.

Se puder, deixe uma doação em dinheiro.

São momentos de despesas mais elevadas e todos precisam de ajuda.

Seja discreto, mas não enfie no bolso do outro como se fosse propina.

Coloque em um envelope e entregue respeitosamente.

Se houver preces e liturgias, mantenha-se próximo e presente.

Não fique conversando, tirando muitas fotos no celular.

Pode fotografar, sim, e enviar a quem não pôde ir. Não há nada de errado nisso.

Quando fecharem o caixão, fique em silêncio e se despeça pela última vez.

Se puder, ajude a carregar o caixão. Lembre-se de que é pesado, mesmo se for uma pessoa magra. Logo, deverá haver três pessoas de cada lado.

Caso contrário siga em silêncio e, quando o carro fúnebre sair, esteja com as mãos palma com palma.

Depois disso converse com as pessoa à sua volta e se organize para ir ao túmulo ou ao crematório.

Rituais de passagem são importantes.
Não banalize.

Respeite e se comporte tanto na vida quanto na morte.
Paz.

Sofrimento

"Não chame mais as misérias e os sofrimentos" é frase de uma prece chamada *Orvalho do doce néctar*, que oramos nas vesperais dos templos e mosteiros zen-budistas.

Deixe de ser vítima, diga basta ao sofrer.
Você pode fazer isso.
Alimente-se de sabedoria.
Perceba que nada é fixo ou permanente.
A dor de agora será uma vaga memória em alguns anos.
Não cultive sofrer. O sofrimento exagerado é o seu ego se exibindo ao mundo.
Observe e se liberte.
Abra mão da dor e permita-se ser.

Treinamentos, terapias, remédios, curas alternativas, trabalhos em terreiros, *mindfulness*, preces, orações, conversas, sonhos, meditações.

Procure um caminho para sair do sofrimento e se permita sair.

Sem culpas, sem remorsos.

Vamos adiante.

Aprendendo ao perceber e corrigir nossos erros individuais e sociais, coletivos.

Invista seu tempo em cuidar de quem precisa, ajudar a abrir os portais de percepção dos que ainda não conseguiram sair do eu menor.

Penetre o grande Eu e perceba que todos passamos por sofrimentos, e que os sofrimentos passam por todos nós.

Não se agarre ao sofrer.
Deixe-o passar.

Dietas

Há dietas extremas. Há dietas que entram e saem de moda. Algumas podem deixar você muito triste e outras podem causar desequilíbrios em seu sistema. É melhor sempre seguir um especialista médico.

Cada vez que penso em fazer uma dieta, fico resfriada.
Quando era jovem, em Los Angeles, minha vizinha foi ao médico para fazer a dieta de Beverly Hills.
Sucesso garantido.
Ela pediu que eu a acompanhasse.
Cada semana me dava a receita a ser seguida.
Em um dia só comíamos uva, em outro peixe sem sal, em outro só melancia, em outro apenas kiwi, noutro pipoca.

Assim fomos fazendo a tal dieta.

Eu praticava três hora de balé clássico todo fim de tarde e trabalhava o dia todo na agência do Banco do Brasil.

Em fins de semana chegava a participar de duas academias de balé e praticava de cinco a seis horas.

Depois passeava com meu cão todas as manhãs e todas as tardes. Aos fins de semana o levava a parques públicos.

Ou seja, muita atividade física e alimentação regulada.

Em pouco tempo perdi 10 quilos.

Fiquei pesando 47 quilos e era apenas ossos e músculos.

Quando minha filha adolescente foi me visitar, em suas férias escolares, não me reconheceu.

A minha vizinha, entretanto, emagreceu muito pouco.

Cada um de nós é único. Cada momento de nossa vida também.

As necessidades variam, mudam as disposições. É preciso analisar de forma adequada para que a dieta seja adequada.

Não siga apenas sua vizinha ou seu amigo, nem mesmo os livros ou as receitas publicadas na mídia.

O caminho é sempre o do meio, como dizia Buda. Sem excessos e sem nada faltar.

Houve um dia em que me foi permitido comer tudo que quisesse.
Eu tinha muitos desejos contidos, muitas vontades escondidas. Nesse dia comi pizza, hambúrguer, doces. Alimentos com sal e açúcar – que foram proibidos por semanas.
Foi um horror. Do prazer diretamente para a dor. Passei muito mal.
Pensei que ia morrer tal dor que senti no abdômen. Tive que me recostar.

Na época, pensei que pessoas gordas devem sofrer muito, tomar muitos remédios digestivos.
Foi uma digestão difícil para um corpo que estava fragilizado pela dieta extrema.

Continuei essa dieta por algumas semanas e fui, pouco a pouco, retomando a alimentação comum.

Nessa época, iniciava as práticas meditativas no Zen Center de Los Angeles. Durante os retiros não podia seguir nenhuma dieta pessoal. Comia o que era servido.
Tendo abandonado o exagero, fiquei mais saudável e livre de desejos por alimentos especiais. Engordei um pouco, retornando ao meu peso de 55 quilos.

Lembre-se de que comer de forma saudável pode ser a melhor maneira de cuidar de seu corpo.

Coma com atenção.
Olhe para os alimentos.
Saboreie cada pedaço.
Sinta os odores, as cores.
Muito tempero pode mascarar o sabor de cada verdura, cereal, fruta, carne, peixe.
O quanto mais simples e natural, melhor.

Não exagere para mais nem para menos.
Equilíbrio.

Brigas, lutas, indignações

Você pode escolher as lutas que quer lutar.

Se ainda estiver dentro do casulo, muito fechado, sem conhecer a si mesmo, irá se indignar por coisas pequenas e insignificantes.

Você pode escolher causas melhores para brigar, lutar e se indignar: meio ambiente, preconceitos e discriminações, miséria, abusos de poder, fome, violências, terror.

Há múltiplas escolhas.

Atenção.

Escolha o que vai beneficiar o maior número de seres.

Controle

Em cada um de nós habita um controlador.

O controlador quer controlar tudo: céus e terras.

Quer controlar o tempo, controlar a si mesmo, controlar os outros.

Morre de medo de perder o controle.

Tudo precisa estar sob seu controle.

Sofre, se angustia, se apressa, não faz as coisas direito.

Precisa controlar.

Controlar pessoas, controlar atitudes, controlar países.

Precisa controlar a vida e a morte, os relacionamentos, as decisões dos outros.

E não percebe que nessa ânsia de controle, está se descontrolando.

Admita.

Mal controla seus pensamentos, emoções, sentimentos, gestos, palavras, atitudes, músculos, respiração.

E quer que os outros e o mundo estejam sob seu controle.

O que sair do controle incomoda, irrita, desespera.

Regras e mais regras, sem perceber a essência das regras.

Exige, briga, reclama, discute.

Experimente o seguinte – passar um dia todo sem reclamar e brigar com você ou com outras pessoas.

Há quem chegue para meditar e diga que não consegue, pois não controla sua mente.

Desde o princípio, a mente é. Conhecê-la para utilizá-la da melhor maneira possível não é exatamente controlá-la.

Repito:

Importante é o controle sobre seu desejo de controlar.

Melhor ainda, abra as mãos e verá que nelas cabem todo o céu e a terra.

Não para você controlar, mas para apreciar.

Não queira controlar tudo e todos.

Não controlamos. Admita.

Mal controlamos nossa respiração e as respostas que damos às provocações do mundo.

O importante é o que você pode fazer com o que chega até você.

Vitimizar

Em cada um de nós também habita a vítima.
Sou insuficiente, ninguém me compreende, não vai dar certo. Nunca nada dá certo para mim.
A vítima é importante, tanto quanto o controlador.
Entretanto, há muito mais em nós.
Inúmeras facetas da mente humana.
E há a grande mente.

A grande mente

Todos somos a grande mente.
Nada está fora da grande mente.
Tudo é a grande mente manifesta: rios, montanhas, casas, planetas, pessoas, animais, sentimentos, plantas, insetos, plásticos, celulares, computadores.
Tudo que possa imaginar é a grande mente.

Mas, a grande mente sem um grande coração não pulsa.

Assim a sabedoria perfeita precisa estar com a compaixão ilimitada.

Esse é o caminho da libertação.

Esses três aspectos: controlador, vítima, grande mente e grande coração fazem parte de um trabalho desenvolvido pelo monge norte-americano Genpo Merzel, que foi um dos meus professores em Los Angeles.

Naquela época ele não usava essas analogias, nem fazia esse trabalho da Grande Mente. Sentava em zazen e estimulava seus praticantes a encontrar o Caminho de Buda. Foi com ele que atravessei o portal sem portas do Mu e com quem atravessei mais de 100 koans, polindo e afirmando o encontro com a natureza Buda.

Algumas drogas, chás, podem fazer a mesma coisa em pouco tempo. Mas não seremos capazes de compreender o caminho para chegar até lá. Pelo zazen conhecemos a senda, que temos de abrir através da nossa vontade, esforço, disciplina, equilíbrio, estratégia, propósito e resiliência.

Calma e carma

Qual a diferença entre calma e carma?
Apenas uma letra.
Calma, tranquilidade para perceber a realidade assim como é e atuar de forma adequada.
Carma é ação que deixa resíduos.
Produzimos carma a partir daquilo que chega até nós.

Se você for pedir emprego e for recusado, dirá que foi seu carma ou que a pessoa perdeu a calma?

Ou será que você não criou causas e condições adequadas?

Teria se esforçado de forma correta?
Teria pensado numa estratégia de apresentação?

Teria estudado e se preparado adequadamente?
Teria se vestido e falado de maneira a ser entendido e acolhido?

Ou será que tinha medo e não se achava merecedor?
Ou será que se achava muito superior ao cargo para o qual se candidatava e desconsiderou a pessoa que o entrevistava?

Respeito, dignidade e esforço correto geram carma positivo.

Você é responsável pelo carma que gera. Não há um ser misterioso decidindo por você. Quem constrói a sua vida e seu futuro é você.
E agora?
Aguenta a responsa?
Se aguentar, com calma e segurança, clarifique seus objetivos.
Definindo o que quer, aonde quer chegar, inicie o treinamento, procure as pessoas adequadas que possam ajudá-lo a atingir suas metas. Crie metas intermediárias. E perceba que ao atingir a meta, outra meta você cria.
Não desista de si mesmo.
Não espere que forças mágicas o ajudem.

A magia está em você, nas suas decisões e nas causas e condições que cria para atingir seus objetivos.

Nascimentos

Somos um óvulo fecundado.
Quando exatamente nascemos?
A biologia ainda não define exatamente o princípio da vida – assim me disseram.
Vida e morte, *vidamorte*.
Um fluxo incessante e contínuo, interligado, interdependente.
Como luz e sombra. Um não existe sem o outro.

Mas, há o momento de o óvulo ser fecundado.
Mágica, mistério.
Hoje somos capazes de o fazer *in vitro*.
E vão se fazendo corpos, mentes.

Depois saímos do útero materno, respiramos oxigênio diretamente, as amídalas batem e há o som. O nosso primeiro som humano. Um grito, um choro.
Não é um gargalhar, uma risada.
Apenas um som, sem nenhuma emoção contida.
Celebramos.
A maioria das pessoas celebra um nascimento.
Levamos presentes para o bebê e para a mamãe.
Admiramos a beleza da vida se reproduzindo.
Passamos a amar e cuidar desse pequeno ser, tão dependente e tão hábil.

Nascer dói, aperta e liberta.
A barriga da mãe vai retomando a forma sem o bebê.
Nunca será a mesma.

O parto, quanto mais natural melhor. Nem sempre é possível.
Hoje há um grande movimento para não se fazer cesariana – evitar abrir a barriga da mãe e retirar a criança. Os que são contra esse processo dizem que isso impede a criança de experimentar o caminho natural de nascer no seu momento e abrindo o seu caminho.
Alguns médicos consideram melhor a cesariana para evitar as dores maternas e ter completo controle do parto.
Cada pessoa deve pensar, refletir, ouvir diferentes opiniões, pesquisar e decidir.

O bebê nasce, cresce, aprende e ensina.
E continuamos, até sempre, a crescer, aprender e ensinar.

Quando for visitar um recém-nascido, lembre-se de cuidar também dos filhos que já estejam maiores, se houver.
Ficam enciumados da atenção ao novo.
Lembre-se de primeiro cumprimentar os filhos mais velhos, brincar com eles, dar presentes e pedir que mostrem onde está o mais novo.
Cuidado para não criar novas histórias de Caim e Abel.
Maridos também podem ficar enciumados dos filhos e envergonhados de sentir ciúmes dos filhos que amam. É natural.
Há mães que se enciúmam da atenção que seus companheiros dão aos filhos e filhas.
Sempre é preciso cuidado para não ferir os outros e saber dividir nosso amor.
Avós e avôs também são ameaças – ainda mais bisavós e bisavôs.
Ou seja, ao nascer uma criança todos devem considerar as necessidades e a ternura para todos – não apenas para o recém-nascido.

Negócios

Negociar, trocar de forma justa e correta bens e serviços.
Não queira levar vantagem.
Procure o caminho das pessoas dignas.
Se der sua palavra, cumpra.
Não fuja da responsabilidade de seus compromissos.
Não se esconda.
Se tiver de romper um trato, seja correto e pague as multas decorrentes.

Bons negócios dependem de bons negociantes.
Bons negociantes cuidam e reconhecem que estão todos e tudo interligados e decidem levando em consideração toda a trama da vida.

Não pense apenas no que você pode ganhar. Lembre-se de que ou ganhamos juntos ou perdemos juntos.

Dar limites

Educar significa também dar limites.
Até onde pode e onde não pode.
Mas não é só para educar crianças ou em relacionamentos com familiares e companheiros.
No trabalho, na atividade física, em todos os relacionamentos temos de ser capazes de dar limite, de dizer não sem ofender e sem ficarmos ofendidos.
Algumas vezes, quando nos pedem alguma coisa e temos de dizer não, ficamos bravos.

"Por que veio me pedir isso?"

Basta simplesmente dizer:
"Agora não posso. Hoje não posso."

No seu local de trabalho também.

Se seu líder, ou o grupo em que está, solicitar mais do que você pode cumprir, dê sinal. Fale, não se acanhe. Não tenha medo de ser despedido.

Mas ao mesmo tempo faça o seu melhor, tente ir além do seu limite e aprecie o desafio, sem reclamar.

Não reclame tanto. Fale com a pessoa certa, na hora certa, de maneira correta e terá surpresas.

Aprenda a dizer não, sem mágoas e rancores.

Deixe claro seus limites, contudo não se limite por eles.

Tente ir um pouco além.

Aprecie sua vida, cada oportunidade de transgredir e transcender – não para ofender e magoar, mas para exercitar suas capacidades físicas, mentais, psicológicas, espirituais de ir além do além.

Faça de cada instante um instante zen.

Respiração consciente

Respirar conscientemente é a chave de ouro que ofereço em todas as palestras, aulas e encontros dos quais participo.
A chave que abre inúmeros portais.

Observe sua respiração.
Respiramos sem perceber que respiramos.
O ritmo respiratório pode indicar amor, raiva, aflição, tranquilidade, sono, sonho.
Você pode regular a respiração.
Talvez não possa regular ou controlar muito mais do que sua própria respiração.
Se conseguir alterar o ritmo respiratório poderá pensar melhor, oxigenar melhor as células, acalmar o coração e ser mais saudável e feliz.

Comece sentando-se em uma postura confortável – porém não confortável demais. Não é para adormecer. É para conhecer e reconhecer a si mesmo.

Primeiro apenas observe como está respirando.
Se a inspiração é longa ou curta.
Se há pausa entre inspirar e expirar.
Se a expiração é longa ou curta.
Se a respiração é rápida ou lenta.
Apenas observe e reconheça.
Em seguida faça um exercício, também de atenção, mas agora com certa intenção.

Observe a inspiração ocorrer.
A inspiração é passiva.
Não force a entrada de ar.
Permita que a caixa torácica se expanda para o ar entrar.
Faça uma pequenina pausa.
Sem sofrimento, sem aflição.
Permita que o ar saia lentamente pela boca.
Force um pouco para que saia o máximo possível de gás carbônico.
Observe que ao final da expiração há uma pequena contração no baixo abdômen.
Pequena pausa.

Nova inspiração.
Sinta, saboreie o respirar.

Repita esse exercício por três vezes.

Ao final, feche os lábios e respire naturalmente pelas narinas.

Observe agora como está a sua mente e como está o seu processo respiratório.

Se puder, fique mais alguns momentos apenas observando o seu próprio respirar.

Isso pode ser feito em apenas um instante, quer em frente ao seu computador, quer caminhando, quer antes ou depois das refeições, quer numa sala de reuniões, quer antes ou depois de um encontro.

Esse respirar consciente é o princípio da saúde física, mental e social.

Aprecie.

E, quando puder ir a áreas com mais árvores, observe a diferença de mais oxigênio.

Agradeça às árvores.

Às vezes pode parecer que o tempo foi suspenso.

Que nem está mesmo respirando.

Tão suave e tão sutil.

É quando estamos absolutamente presentes, alertas e tranquilos.

Quando apreciamos e nos maravilhamos com a própria vida.

Quando nos percebemos insignificantes frente a grandeza do universo, dos mares, das montanhas, das grandes árvores e dos rios vastos como o Amazonas.

Nesses momentos, nossa respiração é rara.

Perceba, em momentos diferentes.

Ao correr, ao visitar um novo local, nas férias, nas reuniões difíceis, ao apresentar um projeto, ao estar no dentista, ao brincar com uma criança, ao nadar, ao caminhar lentamente pela praia deserta, ao escalar montanhas.

A respiração nunca é a mesma, mas ela regula nosso corpo, nossas emoções, nossa mente.
Pode ser regulada pela nossa mente, pelas nossas emoções, pelo nosso corpo.
Lembre-se de que existe apenas uma forma impossível de suicídio: tampar o nariz.
Quando o ar falta, nossa mão se abre e permite que o ar circule novamente.
E há um momento em que você e a sua respiração não estão mais separados. Tudo que existe é ar – e você é o ar.

Consumo

Consumimos de tudo: objetos, alimentos, roupas, remédios e pensamentos.

O seu consumo é responsável?
Você tem consciência do que realmente precisa ou é manipulada, manipulado pela propaganda?

A publicidade é importante para sabermos de novos produtos, mas se não estivermos centrados em nós mesmos, poderemos acumular mais do que necessitamos.
A vida fica pesada, os armários lotados, a casa abarrotada.

Já estive em casas de acumuladores, mal podia andar. Cada coisa que apreciavam compravam cinco, dez.

Depois mal podiam viver e se preocupavam muito com roubos e assaltos.

Menos é mais.

Veja o que é necessário.
Desfaça-se do que não usou nos últimos dois anos.
Liberte-se do excesso.

Não coma em exagero.
Não beba em exagero.
Não fale demais.
Não fique muito tempo sozinho.
Não procure estar em companhia o tempo todo.

Selecione os canais de TV que podem ter significado em sua vida.

Escolha os programas, filmes, mangás.

Selecione seu Facebook, Instagram, sua caixa de entrada.

Escolha seus amigos e pessoas com quem se corresponde.

Escolha seus livros, palestras, cursos, programas.

Consuma o que vá beneficiar seu corpo, sua mente. Aquilo que possa ter significância para você atingir seus objetivos, projetos, estudo, carreira, bem-estar.

O mercado deve se adaptar às suas necessidades – não o contrário.

Crie moda.

Faça seu estilo.

Seja excelente.

Aprecie e selecione os produtos de acordo com as empresas e seu grau de comprometimento com a vida da Terra e o respeito aos seres vivos.

Contribua para um mundo cada vez mais livre, inclusivo e responsável.

Evite armas, guerras, conflitos.

Consuma um pouco mais de tranquilidade, paz, sabedoria e compaixão.

No trânsito

Trânsito de transitar, de ir e vir.
Somos livres para ir e vir, segundo a Constituição.
Mas há regras.
Sinais luminosos não são seus inimigos nem estão arranjados de maneira a atrapalhar sua vida.
Respeite.
No entanto, também observe pois pode haver quem os não respeita.

Transitar exige atenção plena.

Não fique olhando para o celular ao caminhar, guiar o carro, a moto, o ônibus, o caminhão, o avião, o helicóptero, nem quando pedalar a bicicleta.

Estar com atenção ao seu caminhar é apreciar o caminho.

Dirigir um dirigível – qualquer objeto que precise de alguém decidindo para onde ir e em que velocidade – exige presença e atenção, mesmo que você já esteja tão confortável ao dirigir que pense não estar mais atento.

Se beber, se estiver sob efeito de qualquer droga, não dirija.

Lembre-se de que seus reflexos estão alterados e se cometer qualquer erro não será acidente, será crime.

A pé

Cada passo pode ser um passo de paz.
Não significa andar muito devagar.
Podemos apreciar caminhar a pé, sentir os diferentes terrenos em que pisamos, as fragrâncias do caminho.
Há muitas pessoas decididas ao pedestrianismo.
Querem ser apenas pedestres – seres que andam a pé.
Podem eventualmente subir em transporte coletivo, mas se recusam a ter um transporte pessoal.
Lembre-se sempre de ter um calçado apropriado para caminhar de forma que tenha um bom amortecimento e não force sua pisada, mas proteja e dê segurança.

Cuidado com buracos, calçadas irregulares.
Andar a pé exige atenção e cuidado.
Pare para falar ao celular.
Obedeça aos sinais de trânsito, mas observe quem possa não os obedecer.

Na bike

Embora as grandes cidades do Brasil tenham reservado faixas exclusivas para bicicletas, nem todos os motoristas de carros, ônibus, caminhões, motos e mesmo pedestres se acostumaram.

Então, cuidado.
Lembre-se de usar capacetes e roupas adequadas.

No Japão, muitas das bicicletas não têm marchas e são usadas nas calçadas, como se fossem pedestres. Há pequenas faixas para atravessar as ruas, só para bicicletas, mas nas calçadas circulam e todos estão acostumados de forma que não há acidentes.

Crianças, pessoas com bebês, idosos, adolescentes, pessoas de todas as idades usam essas bicicletas para percursos curtos, compras, escola. Há grandes bicicletários – estacionamentos para bicicletas.

No mosteiro de Nagoya, nós, monjas, usávamos e ainda usamos, bicicletas para ir orar na casa dos paroquianos.

Uma vez fui orar, durante o verão. Saí preparada, pois parecia que ia chover. Botas de borracha, capa de chuva. No meio do caminho caiu uma forte chuva de verão. Cheguei ensopada. A vovó que me acolheu me trouxe uma toalha, aguardou que eu me secasse e naturalmente segui para o altar familiar.

Chuva não é impedimento para bicicletas. Apenas exige maior cuidado.

No carro

É preciso intimidade com a máquina.

Você precisa conhecer e ouvir o motor do carro, saber quanto e quando acelerar.

Carros automáticos mudam a marcha sozinhos, mas você não pode abusar deles. É preciso os ouvir e entender.

Carros mecânicos exigem maior habilidade de coordenação. Saiba o momento exato de mudar a marcha.

Nunca pare na ladeira segurando o carro nos pedais.

Freie e depois saia devagar.

Não reclame dos outros motoristas, não ofenda, não tire rachas, não provoque, não buzine com raiva.

Dirija com tranquilidade, siga o fluxo. Dê passagem para alguns, não para todos.

Não deixe a fila crescer atrás de você.

Lembre-se de que você não está só.

Não pare em fila dupla.

Lembre-se sempre de respeitar seu carro, você, quem estiver no seu carro e todos os outros carros, motos, bicicletas, pedestres e sinais de trânsito.

Dirija bem.

Na moto

Tenho encontrado e visto tantos motociclistas feridos, tantos acidentes de moto.

Não apenas porque sejam descuidados, mas também porque há muito mais motos no trânsito.
Sendo um veículo leve e rápido, pode não ser visto.
Pode também o motociclista estar distraído e não ver.

Assim, lembre-se, na moto seu corpo está muito mais vulnerável.
É uma ótima oportunidade para desenvolver a plena atenção.
Sua vida corre risco.
Adrenalina e atenção.

Há quem reclame dos motoboys.
Deveriam se envergonhar.
Graças a esses jovens que se arriscam no trânsito podemos enviar remédios, documentos, cartas de amor, alimentos de um a outro local com rapidez.
Comecem a agradecer e a respeitar.

Novamente, repito aos motociclistas: não adianta você apenas respeitar os sinais de trânsito.
Verifique se os outros também estão respeitando.
Quando o sinal ficar verde para você, veja se não há alguém que está passando o vermelho.
Aguarde e aprecie o vento e a liberdade que a moto pode trazer.

Mas, como todos os veículos, conheça intimamente, ouça seus ruídos e respeite sua vida. A sua e a da moto, bem como a de todos os seres.

No ônibus

Ficar na fila, esperando o ônibus, pode ser uma oportunidade para conversar com outras pessoas e criar relacionamentos.

Quando o ônibus chegar, não queira ser o primeiro a entrar. Dê passagem a quem tem necessidades especiais e dificuldades de locomoção.

Entre no ônibus com atenção e rapidez.

Segure-se nos apoios.

Procure ir adiante e não obstruir a entrada de outras pessoas.

Se estiver em pé, apoie-se bem. Pode haver arrancadas bruscas e ladeiras perigosas.

Os motoristas de ônibus geralmente são profissionais bem preparados.

Mas, como todos os seres humanos, podem cometer erros.

Assim, mantenha-se bem seguro.

Evite esbarrar em outras pessoas e não deixe que esbarrem em você.

Podem querer roubar ou abusar sexualmente.

Tenha o dinheiro ou o cartão preparado.

Não atrapalhe os outros procurando por documentos e dinheiro.

E boa viagem.

No caminhão

Se você é motorista de caminhão, a primeira e mais importante recomendação: com sono, durma.

Não entre no jogo de tomar bebidas ou remédios para se manter acordado.

Mais vale dormir algumas horas e continuar vivo do que pôr em risco a sua vida, perder o caminhão e a carga ou matar outras pessoas ou animais.

Aprecie a viagem.

No metrô

Fique dentro das áreas demarcadas e não tente passar na frente dos outros nem empurrar.
Sente-se nos lugares adequados.
Seja sensível a quem entra no metrô.
Cuidado para não adormecer e perder sua parada.
Respeite para ser respeitado.

No avião

Tenha seus documentos e passagens num bolso de fácil acesso.

Lembre-se de não levar moedas, celulares, objetos de metal nos sapatos, cintos, bolsos.

Retire tudo antes de passar pela segurança.

Verifique se houve mudança de terminal.

Documento em mãos ao ficar na fila de entrada do voo.

Verifique seu assento e entre na ordem solicitada.

Coloque seus pertences nos locais apropriados.

Procure facilitar a entrada das outras pessoas.

Não fale muito alto durante o voo – pode incomodar outros passageiros.

Na hora de descer do avião, deixe que as pessoas na fila à sua frente saiam primeiro.

Não bloqueie os corredores nem force sua passagem.

Para pegar as bagagens, lembre-se de que há outras pessoas também esperando. Evite se colocar na frente de quem chegou primeiro. Facilite para que as outras pessoas possam retirar suas malas.

Cuidando, somos cuidados.

Urgências e prioridades

Você sabe distinguir entre urgência e prioridade?

É preciso definir as prioridades, mas pode surgir alguma urgência.

Estar pronto, disponível a mudar seus planos e projetos de acordo com as urgências que possam ocorrer é um bom sinal.

Há pessoas muito duras, que planejam seu dia e sua vida.

Qualquer mudança os deixa muito irritados.

Esses sofrem.

Para evitar sofrimentos extras, esteja sempre capaz de readaptar-se ao que o mundo trouxer.

Isso não significa que você não planeje e se mantenha firme em seus propósitos, seu foco.

Não podemos ficar mudando o foco ou propósitos a cada instante.

Mas podemos ver qual é a melhor rota para chegar lá.

Nem sempre é o caminho mais reto ou curto.

Pode ser por uma rota mais macia e circular, que inclui outras pessoas e cria mais harmonia.

Assim, mantenha a flexibilidade.

Planeje, prepare-se, organize-se.

E, se tiver que mudar os planos, faça-o adequadamente.

Viver a vida

Viva sua vida.

Aprecie cada instante, pois a vida é feita de instantes sucessivos e tão rápidos que dão a impressão de continuidade, mas cada instante é único.

Esteja bem. Cuide bem.

Viva o bem e morra bem.

Invocação final

TODOS OS BUDAS
ATRAVÉS DO ESPAÇO
E DO TEMPO
TODOS OS BODISATVAS MAHASATVAS
MAHA PRAJNA PARAMITA

Acreditamos nos livros

Este livro foi composto em Centennial e impresso
pela Gráfica Santa Marta para a Editora Planeta
do Brasil em janeiro de 2023